인사동에서 만나자

인사동에서 만나자

초판 1쇄 발행 | 2022년 11월 18일
글 | 신소윤·유홍준·황주리 외
사진 | 김수길·조문호
펴낸이 | 이연숙

펴낸곳 | 도서출판 덕주
출판신고 | 제2018-000137호(2018년 12월 13일)
주소 | 서울시 종로구 인사동길 19-2(와담빌딩) 7층
전화 | 02-733-1470
팩스 | 02-6280-7331
이메일 | duckjubooks@naver.com
홈페이지 | www.duckjubooks.co.kr

ISBN 979-11-979349-8-8 (03910)

인사동에서
만나자

신소윤 · 유홍준 · 황주리 외 지음

δ덕주

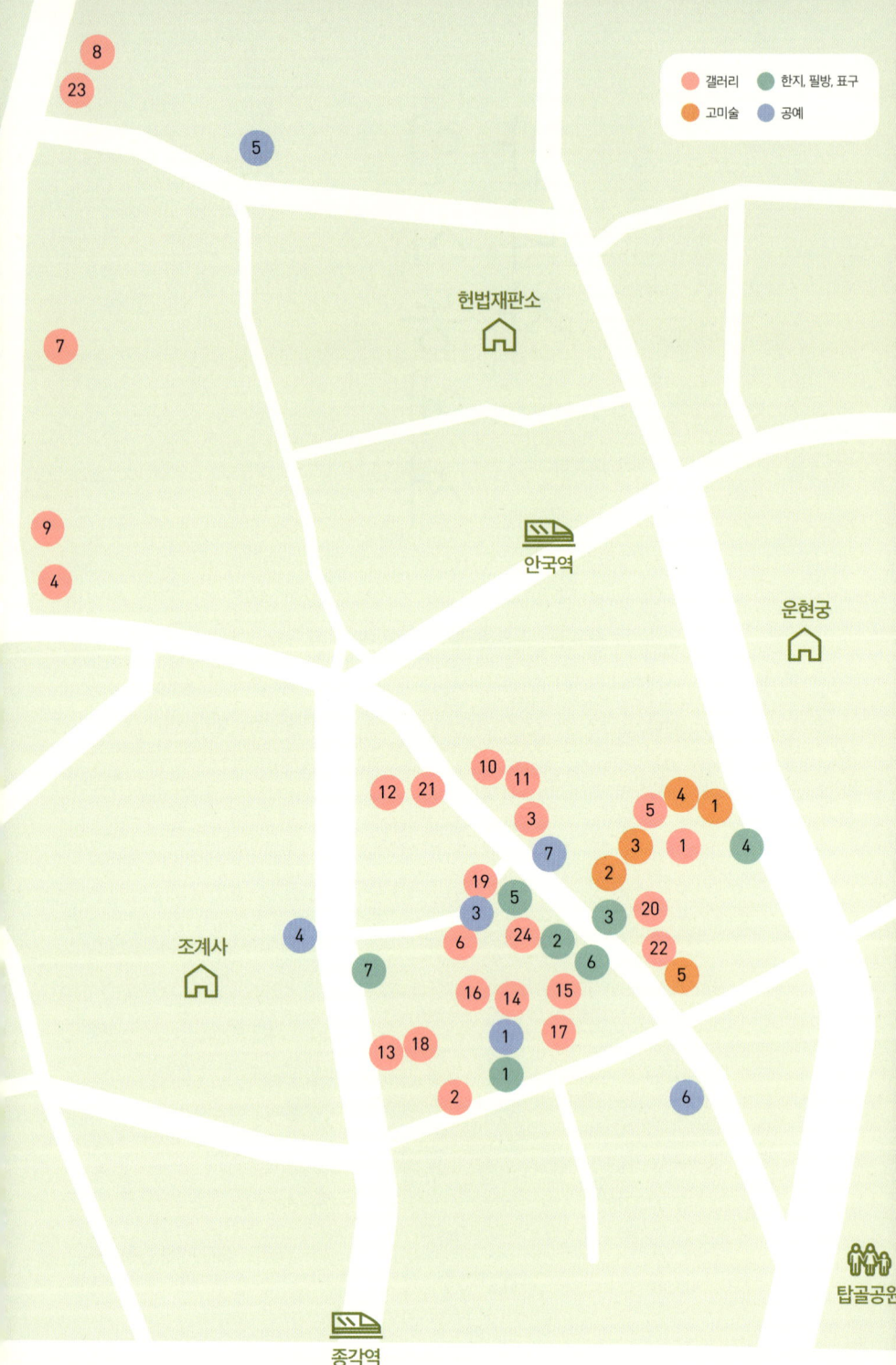

갤러리　　한지, 필방, 표구
고미술　　공예

8
23
5
헌법재판소
7
안국역
운현궁
9
4
10
12　21　　11
3
5　4　1
7
3　1
2
19
3　5　　20
4
6　24　2　3
조계사
7　　6
16　14　15
13　18　1　17
2　1
6
탑골공원
종각역

※ PKM갤러리와 금박연은 지도 바깥 부분에 위치해 있어 표시하지 못했으므로 해당 페이지를 참조하기 바람.

카페, 식당 복합문화공간 외

헌법재판소

안국역

운현궁

10

19

12 13

16

11 11 4 6

20

1 2

9 9

8 10

5 1 6

3 7 4

8

17 3 18

12 13

조계사

5 14 2

15

7

14

탑골공원

종각역

카페, 식당

복합문화공간 외

인사동을 사랑한 예술가들

살아 숨 쉬는 갤러리

전통을 이어가는 고미술품

시간이 쌓이는 공간, 카페

지친 일상에 생명력을 불어넣는
온기 가득한 거리

　나에게 인사동은 언제부턴가 친정집 같은 따스한 공간이 되어 있었다. 인사동 사람으로 지낸 지 30년을 훌쩍 넘긴 시간 동안의 삶을 아직도 우려내 가고 있다. 밥집에서 마주치는 선배님들에게 숱한 공밥을 얻어먹고 지낸 오랜 시간들이 역사가 되고 사소로운 정이 우리가 배우고 익혔던 인사동의 정이다. 아직도 사람 냄새나는 정겨운 사람들이 남아 있는 곳이다. 나이가 들수록, 오랜 시간이 흐를수록 오랜 그 삶에 녹아 있는 분위기가 체취처럼 배어 나온다.

　지금 인사동은 거리의 가게들과 풍경들이 바뀌고 사람들도 참 많이 바뀌었지만 여전히 한국의 전통문화와 문화 예술의 중심지임엔 틀림없다. 2002년 한국 최초 문화지구로 지정되었으며, 여기에는 권장 업종인 고미술, 화랑, 표구, 지필묵, 공예, 그리고 한정식, 전통차 등 오랜 시간 동안 인사동을 지켜온 가게들이 인사동의 맛과 분위기를 더욱 살리고 있다.

수많은 시간을 오가면서도 인사동이 세속의 가치에서 한 발짝 비켜 서 있는 힘은 변하지 않았다. 이것이 인사동을 다른 어느 곳과도 비교할 수 없게 만든다. 인사동은 지친 일상에 생명력을 불어넣을 수 있고, 마음과 정서를 풍요롭게 할 수 있는 힘이 있는 곳임에 틀림없다.

그렇기 때문에 한편에선 인사동이기에 가능한, 인사동만이 보여줄 수 있는 인사동을 만들어 가기 위해 노력하고 있으며, 그 노력의 결과가 인사동 전역에 미칠 수 있기를 바라는 마음으로 (사)인사전통문화보존회에서는 끊임없이 노력하고 있다.

(사)인사전통문화보존회 회장 신소윤

인사동을
사랑한
예술가들

우리들의 인사동 시대

이만주 _ 춤비평가, 시인

어느 정도 인구가 되는 유명 도시에는 중심 번화가가 있다. 그런가 하면 무언가 정감 있는, 그 도시만의 특색을 갖는 거리나 지역이 있게 마련이다. 파리의 경우 화려한 중심 대로인 '샹젤리제' 대신 '생 제르망 데 프레'와 그 옛날 헤밍웨이가 즐겨 찾았다는 '무페 타르' 같은 지역이 그런 곳일 테다. 뉴욕의 경우는 정감 있는 지역이 20세기 초중엽에는 '그리니치 빌리지'였던 것 같다. 그러다가 20세기 후반에는 그 기운이 '소호(Soho)'로 넘어왔다. 내가 파리나 뉴욕에 갔었던 것도 퍽 오래전 일이니 계속 발전하고 변화하는 도시, 파리와 뉴욕의 사랑받는 구역은 또 다른 곳으로 바뀌었을지도 모르겠다.

한 도시에 그러한 구역이 형성되는 것은 그곳에 비록 물질적으로는 가난하지만 정신적으로는 풍요한(?) 문학가들과 예술가들이 드나들고 모여들어 예술적 분위기를 일구어놓기 때문이다. 서울에서는 언제부터인가 인사동이 그런 역할을 하는 구역이 되었다. 서울 종로구 인사동(정확히는 관훈동 등 여러 동으로 이루어지고 인사동 가까운 북촌 입구들은 인사동으로 침)에는 끊임없이 여러 문인들과 예인들이 드나들고, 그러다 보니 이루어진 독특한 분위기에 끌려 또 많은 사람들이 모여든다.

인사동에는 개점 100년이 다가오는 서울의 오래된 가게들이 자리 잡고 있다. 1924년 문을 연 '통인가게'는 지금도 인사동의 얼굴로 한국의 고미술품부터 예술품에 가까운 생활 소품까지 다양한 물건을 팔고 있다. 지금은 화랑까지 운영하고 있다. 필방으로는 1913년 진고개에서 개점하여 명동을 거쳐 인사동으로 옮겨온 '구하산방'(1920년 무렵 개점했다는 설도 있음)과 1932년 문을 연 '명신당필방'이 꿋꿋이 버티고 있다. 1934년 개업한 고서적상 '통문관'은 또 하나의 인사동 얼굴이다.

이제 인사동은 카페와 식당이 들어찰 대로 들어찼고 인도 식당, 월남 식당도 들어서 있다. 인사동을 상징하던 골동품상과 갤러리도 다시 늘어났다. 국제적인 관광 명소가 되다 보니 작품성 있는 구리 공예품을 만들어 파는 '아원공방' 같은 개성 있는 가게들과 관광기념품 상점들, 부티크도 많이 생겼다. 무엇보다 이제는 다른 나라의 화가나 조각가들이 인사동의 갤러리에서 전시회를 했다는 것이 중요한 국제적 경력이 될 정도로 인사동의 문화적 위상도 높아졌다.

인사동에 드나드는 사람들, 인사동에서 영업을 하는 사람들. 그들은 각자 자기만의 얽힌 인연이 있을 것이고 사연이나 기억도

다 다를 것이다. 그들 중에는 자신이 인사동의 주역 또는 주인공이라고 생각하는 사람들도 꽤 많다. 그것은 얼마든지 반가운 일이다. 그만큼 인사동이 사람들이 좋아하고 생명력을 갖는 거리임을 뜻하기 때문이다.

나는 종로구 수송동 조계사 뒤쪽의 골목길, 숙명여고와 이웃해 있었던 J고등학교를 좀 다녔다. 그러니 고등학교 1학년 때도 소위 인사동 거리를 왔다 갔다 했을 것이다. 그런데 고등학생 눈에 유서 깊은 고서적상인 '통문관'이나 몇 개 있었을 골동품상이 보였을 리 만무하다. 그러니 그 시절 인사동에 대해서는 '한적했다'는 기억밖에는 별로 생각나는 것이 없다. 그러나 어쨌든 고등학생 때부터 인사동을 드나들었다는 얘기인데 정작 인사동과 깊은 인연을 맺게 되는 것은 그로부터 20여 년 후의 일이다.

인사동에서 이름 있는 한정식집 '두레'를 하는 여사장에게서 들은 이야기다. 1960~1970년대 한 시절, "건축가 조자용 선생이 인사동에 나타나면 인사동이 휘청거렸다"고 한다. 그 말을 유추해 생각해보면, 대략 이랬을 것 같다. 당시 미국 유학파, 그것도 하버드대학원을 나온 건축

인사동 거리 풍경 © 조문호

조자용

가가 건축 설계에서 돈이 생기면 그 나름 대로 알아가기 시작한 한국 민화를 사러 인사동에 나타났을 것이다.

190 가까운 키에 호탕하고 멋과 흥이 넘치는 사나이, 웬만한 술값이나 저녁값은 금액이 고하간에 혼자 도맡아 지불하는 그 가 인사동에 출현하면 인사동이 흔들흔들 했으리라. 그는 당시 아무도 알아주지 않 던 우리 민화의 가치를 발견하고 사 모으기 시작했던 것이다. 그가 기록한 바에 의하면 피카소풍으로 그렸다고 해서 소위 '피카소까치 호랑이'라고 이름 붙여지고, 한국의 마스코트 '호돌이'의 연원이 된 〈호작도(虎鵲圖)〉도 그 시절 인사동에서 발견하여 구입했다고 한다. 아마도 그는 당시, 작곡가 이봉조의 누나가 했었다는 '이모집'을 드 나들었으리라.

조자용은 한국에서 첫 번째 민간 박물관인 에밀레박물관을 서 울 등촌동에서 충북 보은의 정이품송 근처로 옮긴 다음, 한동안 서 울 출입이 뜸했다. 그러다가 1990년대 초엽 인사동에 다시 나타나 기 시작했다. 그가 자신이 주도해서 만들었던 민학회 회장을 떠맡 아 하던 1993년 10월 23일, 인사동에는 진풍경이 연출되었다. 전북 부안군 부안읍 내요리에서는 본래 솟대에 지름 30센티미터가 넘는 동아줄을 감아놓는 풍습이 있다. 조자용은 세 가닥으로 꼬았다 하 여 삼신승(三神繩)이라고도 불리는 동아줄을 내요리 주민들에게 부

인사동 순라꾼들 © 조문호

탁해 50미터가량 꼬게 했다. 행사 당일, 대형 트럭으로 운반되어온 어마어마한 누런 동아줄은 용을 연상시켰다. 인사동 네거리에서 안국동 쪽으로 길게 늘여놓고 수많은 사람들에게 메게 하니 일대 장관이 연출되었다. 그날은 그의 생애의 정점이었고 인사동의 하이라이트였다.

오늘날의 '인사동 시대'가 어떻게 시작되었을까? 광복 이후 또 한국전쟁 휴전 이후, 서울은 '명동 시대'였다. 당시 많은 작가와 예술가들이 명동을 드나들며 탤런트 최불암의 모친이 했다던 '은성주점'과 공초 오상순이 줄창 줄담배를 피며 앉아 있었다는 '청동다방'

등 몇몇 다방을 중심으로 모여 그들의 에너지와 아우라(aura)로 예술적 분위기를 만들었으리라. 명동백작이라 불렸던 이봉구 외 김수영, 박인환, 전혜린 등 수많은 문학가와 예술가가 명동 시대를 수놓았던 것이다.

서울의 명동 시대는 1960년대 끝난 것으로 회자되는데, 그 이유가 무엇인지에 대해서는 해석이 분분하다. 막을 내린 '명동 시대' 이후 '관철동 시대'라는 것이 얼마간 이어진다. 1968년 한국 바둑의 총본산인 '한국기원'이 서울 종로구 관철동에 문을 열었다. 한동안 한국 바둑이 세계 최강으로 성장할 때 바둑 인구의 저변 확대와 더불어 문인 중에 바둑을 좋아하던 이들이 한국기원 주변으로 모여들었다. 관철동 주변에는 종로통이 있고 청진동이 있고 그 시절부터 유행하기 시작한 룸살롱이란 것이 무교동에 생기고, 따라서 관철동을 중심으로 갖가지 사연이 어우러졌기에 '관철동 시대'라는 것이 존재했으리라.

'인사동 시대'의 개막은 사람에 따라 주장이 다르지만 나는, 천상병 시인의 부인 목순옥 여사가 1985년 작은 찻집 '귀천'을 인사동에 열면서부터였다고 생각한다. 처음 '귀천'은 인사동을 개발하기 전, 좁디좁은 골목에 있던 작은 찻집이었다. 원목 테이블에 일반 크기의 의자도 없이 통나무 토막 낸 것이나 엉덩이를 간신히 얹을 수 있는 작은 의자들이 다였다. 끼어 앉아야 모두 열댓 명도 앉을 수 없는 작은 공간이었다.

'인사동 시대' 개막에는 네 분의 원로가 계셨다. 우선 그 한 분

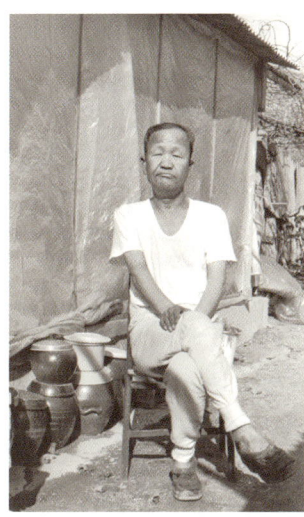

왼쪽 위에서부터 시계방향으로 천상병,
채현국, 민병산과 박이엽 ⓒ 조문호

이 천상병 시인이다. 본래의 천진난만함 때문인지, 동백림 사건에 억울하게 연루되어 애꿎은 전기 고문으로 정신이 좀 상해서인지 그는 부인이 하는 찻집 '귀천'에 짧은 같은 말을 반복하며 주구장창 앉아 계셨다. 그 무렵 '귀천'에 세 분이 나타나셨다. 한 분은 바둑평론가로 알려졌지만 실제로는 수준 높은 철학적 칼럼을 쓰시던 민병산 선생이다. 세상의 명리에는 전혀 관심 없이 작은 체구에 행색은 초라했지만 철인의 이미지를 갖고 계셔 '서울의 디오게네스'라는 별호가 붙어 있었다. 바둑을 좋아해 관철동에 주로 계시던 분이 인사동으로 주무대를 옮긴 것이다. 또 한 분은 명번역가이고 명방송작가였던 박이엽 선생이다. 그는 클래식 음악과 커피에도 조예가 깊었다. 또 다른 한 분이 나중에는 '국민 할배'로 유명해진 '천상천하유아독존', 세상에 둘이 존재할 수 없는 불이(不二) 채현국 선생이다.

찻집 '귀천'에서 처음 채현국, 박이엽(둘은 요즘 말로 평생 절친이었음), 민병산을 만났을 때 그들은 50대였고 나는 30대였다. 그들이 내게 준 처음 인상은 러시아혁명 전 오스트리아 비엔나 카페에 앉아 있는 볼셰비키들 같았는가 하면, 한편으론 러시아혁명 후 파리로 망명 나온 러시아 귀족들 같기도 했다. 세 분 모두 사람을 반겼고 하나같이 박람강기(博覽強記)에 사연 있는 인생을 살아오신 분들이라 그들과 어울려 귀동냥만 해도 적지 않은 지식을 얻을 수 있었다.

그 네 분 주위로 몰려들던 당시의 문화 게릴라들과 건달들, 모두에게 저녁과 술을 사는 사람은 채현국이었다. 신비로울 정도로 어디서 돈을 구해오는지 대부분의 자리, 규모가 다섯 명이든 열 명이든 서른 명이든 그가 모두 감당을 했다. 인사동에만 나가면 저녁과 술이 해결되니 주변 사람들 모두가 행복했던 시절이었다. 그러던 것이 1988년 민병산이 환갑 하루 전 돌아가시고, 1993년 천상병이 가시고, 2002년 박이엽이 가시자 채현국 혼자 남았고 우리들, 문화 게릴라들의 인사동은 동력을 잃기 시작했다.

지금부터는 인사동에 관한 나의 더욱 주관적인 얘기를 펼친다. 나는 인사동의 성골(聖骨)이라면 '목순옥 여사의 찻집 귀천을 드나들었고, 위의 네 분 선생을 모두 알고, 지금도 가끔 인사동을 드나드는 사람'이라고 정의한다. 거의 35년 넘게 인사동과 인연이 있었음을 의미한다. 말이 좋아 '성골'이지 인사동을 드나드는 사람들 중, 정치인, 기업인, 성공한 예술가들에 견주면 재야(在野) 인사, 야인(野人)들이라고 할 수 있다. 대부분 문인이거나 예인들이므로 '인사동의 문화 게릴라'라고도 일컫는데 그 야인의 외연을 넓히면 50~100여 명 정도 될 것이다. 그런데 어디서나 그렇듯 재야와 재조(在朝)는 겹치기 마련이고 처음에는 재야였다가 크게 성공하여 재조가 된 사람들도 생기기 마련이다.

2022년 4월에 채현국 선생이 타계하셔서 이제 인사동 야인들의 가장 장형(長兄) 격은 구중관 소설가가 되었다. 그다음으로는 배평모 소설가인데 인사동 중요한 모임의 사회는 도맡아 할 정도로 명사회자였다.

나는 인사동 행사가 있을 때면 가끔 바람을 잡아 십시일반 돈을 걷는 역할을 하기도 했다. 인사동에 드나드는 가난한 예술가 중에는 일전 한 푼 없이 행사에 참여하는 경우가 꽤 있다. 돈 없는 사람들이 편한 마음으로 참가비를 안 내도 되게끔 하다 보니 인사동에는 보이지 않는 룰이 형성되었다. 가령 모자를 돌릴 때 돈이 없어 보이는 사람 앞에서는 "현금을 미처 준비 못하셨나 보다." 하면서 자연스럽게 지나쳐버린다.

'귀천' 초기 무렵, 즉 '인사동 시대' 초창기부터 있었던 사람 중에는 조문호 사진작가가 있다. 그는 인사동의 풍정과 이야깃거리가 되는 인물들을 사진으로 기록해오고 있다. 글솜씨도 좋아 페이스북에 수많은 글을 써 올린다. 그중 많은 부분을 인사동에 할애했다. 김낙영 시인도 초창기부터 인사동을 드나들었다. 그는 희곡도 수 편 썼으며 가끔가끔 미국에 체류하며 현지 한국 교포 매체에서 저널리스트로 활동하곤 한다. 육군 대위로 제대해 인사동에 합류함으로써 한참 동안을 공대위로 불린 공윤희, 시인 조해인과 문필가 송제홍, 사진작가 김수길도 인사동을 꾸준히 드나드는 사람들이다.

'통문관'에서 근무하다 지금은 고문서, 골동품 감정가로 유명한 한학자 김영복도 인사동의 성골이라고 할 수 있다. 화가로는 강찬모, 이목일, 도예가로는 김용문이 예나 지금이나 인사동을 드나든다. 전통 장작 가마로 주로 막사발을 굽는 김용문의 경우는 오히려 터키 예술계로부터 인정받아 앙카라 하세페테대학교의 도예 담당 교수가 되었다. 요즘도 귀국하면 인사동에서 전시를 하곤 한다.

인사동 얘기를 하면서 빼놓을 수 없는 사람이 김명성 회장이

박한웅, 조해인 등 ⓒ 조문호

이목일 퍼포먼스 ⓒ 조문호

다. 그는 인사동에 드나드는 힘든 예술가들을 음으로 양으로 도왔
다. 지금은 남의 것이 되었지만 인사동의 랜드마크라 할 수 있는 제
일 큰 갤러리 '아라아트센터'는 그가 기획하여 수백 억을 들여서 지
은 작품이다.

　인사동과 관련 있는 단체로는 창립 회장인 박인식(알피니스트, 문
인) 이하 최유진(연출가, 교수), 이두엽(전 KBS PD, 문화기획가)이 30여 년
넘게 주관하는 '농심마니'가 있다. 이 단체는 '전국토를 산삼밭으로'
라는 모토 아래 봄, 가을 두 번씩 전국의 산으로 산삼 묘삼을 심으
러 다녔다. 한때 성했을 때는 대여한 버스 두 대가 꽉꽉 찼었다. 근
래에도 코로나 사태 이전에는 일 년에 한 번씩은 심으러 다녔다. 이
두엽은 인사동의 풍류객이기도 해 '인사동 밤안개'라는 별칭을 갖고
있다. 2015년 12월, 첫 시집《다시 맺어야 할 사회계약》을 낸 후 다

인사동 거리의 심우성 © 조문호. 오른쪽 사진은 30여 년
전 어느 행사 뒤풀이 장소의 심우성과 이만주. 평소 한복을
즐겨 입던 심우성 선생이 넥타이를 맨 희귀한 사진이다.

음 해 《한겨레신문》의 김경애 기자가 나를 인터뷰한 후, 밑도 끝도
없이 나를 '인사동 밤안개'라고 표현했다. 나는 오랫동안 인사동에
나가지 않은 때도 많았고 인사동을 그리 자주 나가는 편도 아니다.
나 자신은 '인사동 밤안개'라는 표현을 원치 않으며 '인사동 밤안개'
는 어디까지나 이두엽이다.

　인사동은 예나 지금이나 한국의 민학(民學), 민중의 기층문화를
연구하는 모임인 '민학회'의 둥지이다. 지난 50여 년간, 우리 전통문
화 및 민속 연구와 저작에 적지 않은 공헌을 했고 전국에 민간 박물
관들이 생겨나는 데 큰 기여를 한 단체이다. 그간 실로 한국의 내로
라하는 한국학 학자들이 민학회를 거쳐 갔다. 조자용, 심우성 등이

신궁장 여관. 오른쪽은 '미니호텔'로 이름이 바뀐 새로운 모습 ⓒ 김수길

회장을 했고 최홍순, 노승대 등이 학회 발전에 많은 공헌을 했다.

독보적인 민속학자 심우성 선생은 100여 권에 가까운 저서(어떤 기준에 의하면 현재 70권까지 확인되었음)를 낸 분으로, 그 안에는《민속문화와 민중의식》,《남사당패 연구》,《한국의 민속극》등과 같은 한국 민속학에 관한 불후의 명저들이 들어 있다. 선생은 또 1인극(Monodrama)의 연출가이자 배우셨다. 선생은 나보다 연세가 십수 년 위임에도 불구하고 돌아가실 때까지 나를 망년우(忘年友)로 대해 주셨다.

선생은 방문객을 맞고 효율적인 집필에 집중하기 위해 늘 별도의 사무실 내지 집필실을 유지하고 계셨다. 서울에 거주하실 때는 몇 번 집필실을 옮기시면서도 늘 인사동을 떠나지 않으셨다(선생은 고향인 공주에, 또 어떤 때는 제주도에 머무르시기도 했음). 길 건너 익선동으로 옮기신 적도 있으나 인사동의 '푸른별주막' 문간방에 잠시 계시기도 했고 신궁장여관에 머무시기도 했다. 찾아뵈면 선생은 작은 여관방에서도 늘 집필에 열중하고 계셨다. 돌아가시기 얼마 전에는 내게 이런 말을 하셨다. "학자나 문인이라면 1년에 책 한 권을 내야 한다. 그렇지 않으면 적어도 2년에 한 권은 내야지 된다. 그렇지 않다면 그게 무슨 학자며 문인이냐?" 나는 지금도 그가 하신 말씀이 강박으로 와닿는다.

원로 한학자이자 신영복 성공회대 교수의 옥중 스승인 노촌(老村) 이구영(李九榮) 선생. '북한공작원'과 '선비'라는 두 단어의 주인공이자 비극적인 '한국 현대사의 생생한 증언' 그 자체인 선생이 22년간 장기 복역한 후 1980년 출소했다. 그 후 2006년 86세의 나이로 별세하실 때까지 '이문학회(以文學會)'라는 한문학 연구 모임을 만들어 후학 양성과 서예 작품 활동에 힘쓰셨다. 학회는 인사동 건너편인 익선동에 있었으나 참여한 제자들은 대부분 인사동 사람들이었고 김영복이 수제자로 선생을 도왔다.

1980년대 지금 수도약국 근처에 '그림마당 민(民)'이라는 갤러리가 있었다. 이 '민'은 '민중미술'의 진원지이다. 여기서 시작된 민중미술은 오늘날 세계 미술계로부터도 인정받는 미술의 독자적인 중요한 장르가 되었다.

인사동 시대 초창기 인사동 야인들에게 인기 있었던 주점은 어

박광호, 조해인, 박종수, 실비집 총장 © 고 김종구

느 골목엔가 깊숙이 쳐박혀 있었던 이름도 없다시피 한 '실비집'이
었다. 여주인이 예술가들의 일탈을 이해도 하고 농담도 잘 받아주
었다. 인심도 넉넉해 돈 없는 야인들에게 외상술을 잘 주었기 때문
에 여주인을 '실비집 총장'이라 부르면서 인사동의 작가들과 예술가
들이 많이 드나들었다.

인사동 사람들에게 오랜 기간 인기 있는 집이, 매번 그때그때
새로 지어 맛있는 밥과 동태찌개로 유명한 '부산식당'이다. 주인은
공무원을 지낸 분이었는데 얼굴은 이상할 정도로 무표정했지만 배
려심 많고 인정이 있어 사람들이 즐겨 찾았다. 창업자인 주인이 돌
아가신 다음, 아들이 이어받아 여전히 성업 중이다.

또 예나 지금이나 계속해서 인사동 사람들이 드나드는 집이 된
장예술(?)로 유명한 '툇마루'이다. 술안주 메뉴도 다양하고 정갈스러
운 음식이 맛도 일품이다. 서민적이면서도 격이 있어 인사동에서는
손님 접대로도 무난한 집이다.

인사동의 음식점 역사에서 거론치 않을 수 없는 집이 지금은 사

여행객들의 쉼터 인사호스텔 ⓒ 김수길

라진 '아리랑식당'이다. 불고기로 유명했던 이 집은 인사동 사람들의 대소사, 특히 큰 행사가 열리던 곳이다. 인사동 사람들의 잔치뿐 아니라 일반인들의 중요한 행사도 이 집에서 연이어 치러졌었다. 주인인 유재만 대표가 문화, 예술을 애호하는 데다 사리를 알며 통이 커 인사동문화 발전에 크게 이바지했다.

지금은 인사동을 중심으로 내·외곽에 큰 호텔을 비롯하여 다양한 형태의 숙소가 생겼지만 초창기에는 여관 또는 모텔이 네댓 개 있었을 뿐이다. 나는 젊은 시절 인사동에서 술이 취하면 이들 여관이나 모텔에 투숙해 잤다. 혼자 잔 것 같지는 않은데 대부분 만취한 경우였으므로 누구와 잤는지는 기억이 안 난다. 지금 생각하니 몇 떠오르는 추억의 밤들도 어쩌면 환각인지 모르겠다.

'귀천' 다음으로 인사동에서 이야깃거리가 되는 집이 '귀천'에 손님으로 드나들던 이해림이란 여성이 연 카페 '평화만들기'이다.

인사동의 전성시대가 이곳에서 피었다 해도 과언이 아닐 만큼 리영희를 비롯하여 신경림 등 실로 기라성 같은 인물들이 '평화만들기'를 드나들었다. 진보 성향의 인사들이 많았으나 C일보 기자 등 보수 측 사람들도 꽤 있었다. 이름의 뜻 '평화만들기'대로 카페 '평화만들기'는 좌우가 평화스럽게 공존하는 곳이 되었다. 그래서 이 카페를 '공동경비구역, JSA'라고도 했다. '평화만들기'는 처음 인사동 주도로에서 골목으로 조금 들어간 2층에 있다가 낙원동 큰길에 가까운 골목, 후미진 귀퉁이로 옮겼다. 먼저와 다름없이 김근태 의원이라든가 김훈 소설가 등이 손님으로 드나들었다. 그 후 주인이 서너 번 바뀌다가 지금은 음식점이 되어 흔적 없이 사라졌다.

'평화만들기'와 관련해 내게는 나름대로의 추억이 있다. 인사동을 드나들며 알게 된 여주인 이해림이 "오빠! 개업 기념으로 피아노 한 대 사줘" 했다. 잔뜩 취해 있던 나는 "야, 그까짓 피아노 한 대 못 사 주겠냐. OK다, OK다!" 대답을 하고 말았다. 다음 날 아침에 술이 깨어 생각하니 지난밤에 술김에 호기를 부렸다는 생각이 들었다. 하지만 취중 약속도 약속인지라 지키고 싶었다. 피아노 가격을 알아보라 하니 새것은 200만~300만 원이었다. 그 금액은 당시 나에게는 힘에 부치는 액수였다. 그래서 중고를 사주기로 했다. 그때 마침 괜찮은 원고료가 들어왔다. 나는 낙원동 피아노가게에 직접 가, 60만 원짜리 중고 피아노를 구입해 배달시켰다. 날을 잡아 '피아노 증정식'이란 구실을 내걸고 파티도 했다. 이 일화는 카페에 와서 직접 확인한 방송인 이숙영에 의해 '취중 약속을 지킨 사나이의 이야

모든 음악인의 고향, 낙원악기상가 © 김수길   평화만들기 © 김수길

기'로 《한국경제신문》 1면에 칼럼으로 소개되었다.

'평화만들기'는 골목 귀퉁이로 옮긴 후에도 창업자인 여주인에 의해 계속 운영되다가 주인이 몇 번 바뀌었다. 마지막에는 이름이 '도향'이 되었다. '도향'의 여주인도 인정 있고 사리를 분별하는 사람이라 나는 가끔 드나들었다. 나는 이곳에서 뜻밖의 사람을 만나게 되고, 동화 속 이야기 같은 경험을 하게 된다. 상대방 역시 그 집에 손님으로 온 사람이었다.

그는 처음 나의 그림 같지도 않은 현대판 문인화(文人畵), 〈귀천(歸天)〉(천상병의 시를 선으로 그림)을 사 주어 나를 놀라게 했다. 그러더니 나를 돕기 시작하여 내 첫 시집 《다시 맺어야 할 사회계약》은 전적으로 그의 도움으로 출간되었다. 그 후로도 나에게 많은 도움을 주었다. 한 예로, 어느 날 내가 구닥다리 노트북을 사용하는 것을 보더니 청을 한 것도 아닌데 "형님, 노트북 바꿔야겠다." 하면서 상당 금액을 주는 배려를 베풀었다. 그런데 그는 나에게만 혜택을 베푸는 것이 아니었다. 도움이 필요한 사람들을 통 크게 도와주었다. 내가 생각하기로는 그는 무주상보시를 베푸는 살아 있는 보살 같은 사람이었다. 그가 바로 한국개발원(KDI)의 우천식 박사다.

'평화만들기' 다음으로 인사동의 고유 분위기를 이어받은 것이 종로경찰서 옆 작은 골목에 자리하고 있는 '유목민' 주점이다. 인사동 야인들이 인사동에 나오면 들르는 곳이다. 그러다 보니 많은 문인과 예인들, 보헤미안 기질을 갖고 있는 사람들이 그곳으로 모여든다. 파전, 보리굴비 같은 안주가 일품이다.

지하에 자리 잡고 있는 '시가연(詩歌演)'은 찻집, 카페, 음식점의 종합체라 할 수 있는 곳이다. 우선 정갈하고 맛깔스런 음식이 좋고, 음식을 만드는 여주인이 마음씨도 상냥하고 인심도 후하다. 미모까지 갖추었다. 작은 무대가 있어 시, 가곡, 판소리 모임이 정기적으로 열리고 각종 문화 행사가 이어진다. 심지어 춤 공연이 이루어질 때도 있다. 시 〈죽편〉을 쓴 서정춘 시인이 가끔 나타나곤 했었다.

그리고 다시 인사동에서 시쳇말로 가장 핫(hot)한 곳이 '포도나무랑(예당)'이다. 안국동 로터리에서 인사동길을 바라보고 오래된 음식점 '조금'이 있는 골목으로 20여 미터 들어가면 자리 잡고 있다. 일설에 의하면 특히 이 작은 골목은 조선 시대 궁궐에서 은퇴한 상궁들이 술집을 차렸던 곳이고, 궁궐에서 퇴궐하던 대감들이 이곳 술집들에 들러 석양주를 마시던 곳이라고 한다. 하지만 사실 여부

유목민에 모인 '인사모' 사람들 ⓒ 김수길

는 확인할 수 없다.

'예당'을 운영하는 장석철 대표는 고려대를 나와 무역회사에 다년간 근무해 국제적인 감각도 갖고 있다. 흥미롭게도 여주인은 연세대를 나왔다. 둘이 같이 쉐프이면서 종업원 역할을 하며 손님을 맞는다. 술은 소주, 맥주, 각종 막걸리, 포도주, 위스키 모두를 취급하고, 손님이 마시고 싶은 것을 냉장고에서 꺼내다 마시면 된다. 특히 생맥주를 두 잔 마시면 안주를 안 시켜도 크게 무어라 하지 않는

문화 족속들의 아지트, 예당 © 김수길

다. 그러면서 무료 안주인 땅콩을 무한정 먹을 수 있으니 서민 술꾼들에게도 부담이 되지 않는다. 생긴 지 12년인데 서울의 문화 족속이란 족속은 모두 들른다.

　이 글의 제목은 '우리들의 인사동 시대'이나 지금까지 얘기한 모든 것이 내가 경험한 '나의 인사동 시대'라고 할 수 있다. 인사동에 드나드는 그 많은 사람을 거론할 수는 없다. 인사동 출입 30년이 넘는 사람들 위주로 다루었다. 수많은 필방, 골동품상, 화랑, 한정식집, 카페 등을 일일이 열거한다는 것은 더욱 불가능한 일이다. 이야기의 저변에는 술이 있으니 너무 남성 위주로 치우친 감이 있고 변죽만 울린 것 같다. 한 개인이 경험을 해봐야 얼마를 경험했을 것인가? 각자에게는 '각자의 인사동'이 있으리라.

통인가게(태극당)

인사동에서 가장 오래된 고미술품 전문 갤러리다. 1924년 인제 김정환에 의해 설립되었는데, 고미술뿐 아니라 다양한 현대 공예품 매장과 공예 전문 화랑을 갖추고 있다. 통인가게는 기량이 뛰어난 공예 작가들을 발굴해 작품 발표의 장을 제공한다. 또한 소장하고 있던 고미술품을 전시하기도 한다. 이처럼 통인가게는 전통문화를 보존하는 동시에 예술의 가치를 새롭게 창조해 대중에게 전달하고자 한다.

주소 서울시 종로구 인사동길 32
전화 02-733-4867
홈페이지 www.tonginstore.com

통인화랑

1970년부터 최초의 공예전문 화랑으로 갓통전, 화각전, 조선의 옛향기전, 경대전, 기러기전과 같은 여러 전시를 진행해 왔다. 또한 2002년부터 뉴욕 통인화랑에서 권순형, 신상호, 박석우, 윤광조 등을 비롯한 현대 도예 작가들을 소개해 왔다. 다수의 전시를 진행하고 각 대학의 특강 프로그램들을 만들며 직간접적으로 학생들에게 영향을 주었다. 통인화랑에서 개인전을 연 대표적인 현대 미술 작가로는 박서보, 이동엽, 김구림, 황성준, 강경구 등이 있다. 이 외에도 보딜 만츠, 피에트 슈토크만, 장 프랑수아즈, 고헤이 료지, 요시카와 마사미치, 필립 바트와 같은 세계 정상급 도예가들의 초대전들을 열고 있다.

주소 서울시 종로구 인사동길 32
전화 02-733-4867
홈페이지 www.tongingallery.com
인스타그램 @tongingallery

통문관

한국에서 가장 오래된 서점이다. 1934년 관훈동에서 '금항당'이라는 이름으로 처음 문을 열었으며 이후 1945년에 해방을 맞아 통문관으로 상호를 변경해 현재까지 이어져 오고 있다. 통문관은 초대 관장인 이겸로, 2대 대표인 이동호를 지나 현 대표인 이종운까지 3대째 운영되고 있다. 서울시는 지난 2013년 통문관을 '서울미래유산'으로 등재했다. 열두 평 남짓한 공간에는 2만 5,000권가량의 고서가 가득 들어차 있다. 조선시대의 문학, 예술, 학술서를 비롯해 현대문학 1세대 작가들의 책, 사료적 가치가 높은 학술서들이 주로 취급하며, 인문학 서점의 출판 영인 및 문화재급 서적의 발굴·유통에 힘쓰고 있다.

주소 서울시 종로구 인사동길 55-1
전화 02-734-4092
홈페이지 www.tongmunkwan.co.kr

툇마루집된장예술

인사동 먹자골목에 위치한 툇마루집된장예술은 2
대째 운영 중인 강된장 전문점이다. 가게의 대표
메뉴인 된장비빔밥은 주인의 고향인 전남 신안에
서 직접 만든 강된장을 재료로 한다. 3년 동안 숙
성된 된장을 통해 깊은 맛을 느낄 수 있다. 함께
제공되는 북어국 역시 담백한 맛을 통해 식사의
완성도를 높여 준다. 가게 벽에는 이상범, 유영국
을 비롯한 유명 현대화가들의 그림이 걸려 있어
식사를 하며 여러 작품들을 함께 감상할 수 있다.

주소 서울시 종로구 인사동4길 5-26 중원빌딩 2층
전화 02-739-5683

삼류 시인

조정은 _ 수필가

'소담'에서 새벽 두 시에 쫓겨난 그와 나는 음습한 기운으로 자욱한 골목을 걸어 나왔다. 걸었다는 말은 너무 말쑥하고 얌전하다. 나는 술 취한 그를 밀며 큰길 쪽으로 나아가기 위해 안간힘을 다했고, 그는 양다리를 뒤틀고 꼬면서 가끔은 온몸을 작대기처럼 비스듬히 기울여 버티거나 뒷걸음질치며 나아가지 않기 위해 안간힘을 다했다. 인사동 중앙로로 나서자 웬 강쇠바람이 휘몰아치는데 그 바람을 타고 바이올린 켜는 소리가 들려왔다. 아리랑이었다. 가냘 프면서도 아득한 그 선율.

그가 갑자기 몸을 똑바로 가누며 두 팔을 길게 펼쳐들었다. 흡사 비상을 위해 바람 속 절벽에 선 바보새 같았다. 바보새 앨버트로스는 지상에선 큰 날개 때문에 걸음이 우스꽝스러워 구박을 받다가 모든 생명체가 몸을 숨길 만큼 거센 폭풍이 불면 혼자 절벽으로 올

인사동의 랜드마크 쌈지길, 옥상 정원이 독특하다. ⓒ 김수길

라가 날개를 펼치고 날기 시작해서 대양을 건넌다는 얘길 들은 적이 있는데, 왜 그때 그 이야기가 떠올랐는지 모르겠다. 그는 소매로 한껏 부푼 포물선을 그리며 어깨를 추썩추썩하면서 방향을 틀어 통인가게 쪽으로 나아가기 시작했다.

쌈지길 근처 어떤 가게 처마 밑에 바이올린을 켜는 이의 호리한 몸체가 드러났다. 그는 삐딱하게 입을 벌린 바이올린 케이스에 오만 원권 지폐를 넣고는 건너편 돌화분 가장자리에 걸터앉았다. 텅

떨어지는 빗방울에도 묵묵히 바이올린을 켜는 악사 © 김수길

비어 있던 그곳에 이내 사람들 여남은이 모여들었고 그는 마치 공연장 디렉터나 되는 것처럼 줄느런히 이어지는 돌화분을 가리키며 사람들에게 앉을 것을 권했고, 연주가 끝나기 무섭게 소리쳤다.

"이런 연주는 아, 이런 연주는, 이게 정말 아리랑인데, 그러니까 우린 이 곡을 그냥 들으면 안 됩니다."

시범을 보이듯이 돈 봉투인지 뭔지를 정중하게 두 손으로 받쳐 들고 가 케이스에 내려놓기도 했다. 사람들도 머뭇머뭇 그를 따라 했다. 누군가 '한 곡 더'를 외쳤고 악사는 연주했고, 끝나면 여지없이 박수가 터지고 그는 그때마다 호주머니에서 뭔가를 꺼내들고 케이스로 다가가며 아주 큰 소리로 관객들에게 보시를 종용하고…, 그러다가 파했다.

그는 또 비틀거리며 노랠 불러 댔다.

"소리 없이 흘러내리는 눈물 같은 이슬비 누가 울어(…) 멀리 가 버린 내 사랑은 돌아올 길 없는데 피가 맺히게 그 누가 울어 울어 검은 눈을 적시나…."

이도윤 시인, 그의 기행은 헤아릴 수가 없다. 인사동이라는 공간에서 목도한 것들만 열거해도 천 밤 새우기가 너끈할 것이다. 술 취하면 내 사무실로 와서 붓으로 갈겨 쓴 즉흥시가 백 편은 된다. 취중 낙서라고 하기엔 심장한 데가 있어 보여 나는 그것을 아직 간직하고 있는 중이다. 그가 나보다 먼저 가면 이걸 팔아먹어볼까 궁리도 하는데, 그럴 일은 없을 것 같은 게 그는 만날 취해 있어도 참 건강하다. 병원에서 신체 나이 오십이라고 했다던가.

쉬지 않고 시를 쓰지만 단 한 번도 시를 썼다고 말하지 않는 자칭 삼류 시인. 나는 그 문학의 삼류 정신을 귀히 모신다. 아니, 삼류 문학만이 이 혼돈의 시대를 관통하여 살아남으리라는 근거 없는 소망을 모신다는 말이 맞을 게다. 순전히 내 이기를 위해서지만 인류의 모든 전망은 개인 이기심의 발로일 것이므로 별로 부끄럽지도 않은 소망인 셈이다.

언젠간 '지리산'에서 저녁을 먹고 나와 SK허브프라자 아래 정자 옆을 지나는데 갑자기 시인이 내게 달싹 붙으며 몸을 웅크렸다. 정자에는 인사동 명물 A거사가 한 손엔 생수, 한 손엔 소주를 들고 앉아 있었다. 거사는 그저 그런 노숙자와 몰골이 별로 다르진 않은데 이 거리에서만은 거리의 철학자라 불린다. 내 옆에 숨을 숨기며 검

밤거리 행인의 따뜻한 휴식처였던 엄마손 포장마차 © 김수길

지를 입술에 갖다 댄 시인이 빌딩 모퉁이로 올라서자 허리를 쭉 펴며 말했다.

"오호! 엊그제 저 형한테 택시비를 빌렸거든. 지금 걸리면 당장 갚으라고 할 거야. 형이 잊어버릴 때까지 눈에 띄지 말아야 해."

A거사와 저녁을 먹고 2, 3차 맥줏집을 거쳐 포장마차에서 밤을 새웠다고 했다. 밥값 술값이야 당연히 자기 지갑을 열었을 위인이다. 언젠간 누구 빈소에서 밤새 술을 마시고 새벽에 술값을 계산하겠다고 난동을 피우다 지갑을 던지고 나온 적도 있었으니까. 포장마차에서 곧바로 출근하려니 택시비가 없었다든가 어쨌다든가, 그가 변명을 구시렁댈 때 나는 기묘한 혼란에 휩싸였다. A거사 자신도 모르는 새 그를 당당한 채권자 위치에 세워두고 빌빌 숨어 걷는

이 사람, 이 희한한 놀이는 도대체 뭔가? 잉, 이게 풍류인가!

'그 누가 울어 울어'를 하염없이 반복하는 그를 리어카 밀듯이 힘껏 밀고 가는데 뒤에서 "선생님!" 다급하게 부르는 소리가 들렸다. 악사가 달려와 통장이 든 봉투를 내밀었다. 아뿔싸! 그러니까 그는 아까 호주머니에서 통장을 꺼내 그렇게 경건히 바쳤던 거다. 손사래를 치며 "필요 없다, 당신께 드린 거다" 소리치는 그에게 악사는 통장을 던지듯 건네고 돌아섰다.

다시 소리치며 휘청거리는 그를 부축하여 몇 걸음, 악사가 또 헐레벌떡 달려왔다. 이번에는 하얀 봉투, 법원의 등기우편물 같은 거였다. 그는 "아, 이건 내가 갖고 있어야 해, 이건 지금 내게 아주 중요한 거지, 킬킬킬…." 흰 봉투를 주머니에 챙겨 넣고는 두 팔을 크게 벌려 춤을 추기 시작했다. 앨버트로스의 날개처럼 긴 팔이 바람을 탔다. 커다란 날개 밑에서 막 태어나는 삼류 시의 새끼들을 본 것도 같은데 통 모를 일이다.

알렉산드리아

윤후명 _ 소설가, 시인

한때 내 직장은 관철동에 있었다. 길 건너가 인사동이었다. 술
꾼이었던 나의 활동 무대는 당연히 그 언저리 어디에 있었다. 그 무
렵 나는 소설가 김문수 형과 어울렸는데, 그의 행동반경이 꽤 넓어
여러 사람들을 만날 수 있었다. 특히 신구문화사에 관계하고 있는
사람들이었다. 이병주 소설가, 신동문 시인으로 대표되는 여러 어
른들이었다. 이들이 대체 누구인가. 《소설 알렉산드리아》로 이름
난 분, 전후문제작품집의 시 〈풍선기〉로 알려진 분 등등 한국문단
을 대표하는 분들이 아니었던가.

그 가운데 민병산이라는 철인 같은 분도 계셨는데, 나로서는 도
저히 정체를 알 수 없는 존재였다. 그가 길가에 쪼그리고 앉아 있는
모습은 거의 매일 볼 수 있었지만, 디오게네스 같은 인상의 그는 언
제나 오리무중의 '선생'이었다. 다만 지금 내게는, 선생의 글씨로 씌

어 있는 신동엽 시인의 시집 《아사녀(阿斯女)》(1963)에 수록된 〈산에 언덕에〉의 한 구절이 담긴 작은 액자만 하나 외롭게 남아 있다.

> 그리운 그의 얼굴 다시 찾을 수 없어도
> 화사한 그의 꽃
> 산에 언덕에 피어날지어이.
> 그리운 그의 노래 다시 들을 수 없어도
> 맑은 그 숨결
> 들에 숲속에 살아갈지어이.

– 신동엽, 〈산에 언덕에〉

그리고 나는 인사동에서 시조인 김상옥 선생을 만났다. 내가 어떤 잡지에 관계하며 선생의 글을 청탁하게 된 것이 계기였다. 선생은 여간 꼬장꼬장하지 않아 한 글자 한 글자 따지듯이 내게 주의를 주었다. '주 보따리'라고 불렸던 한글 원로 주시경 어른까지 만나 말씀을 옮겨적곤 했던 내가 아니던가. 아, 이런.

그러나 나는 어느덧 김상옥 선생의 가게였던 '아자방(亞字房)'까지 드나들며 그의 문도처럼 되어가고 있었다. 인사동사거리에 있었던 선생의 아자방에는 자주 내 발길이 머물렀다. 그의 전공은 시조는 물론 도자기이기도 했다. 선생은 내게 도자기를 사도록 이끌었다. 그걸 알자면 사 보아야 한다고 했다. 그러나 사회 초년병인 나로서는 엄두를 내기도 어려운 노릇이었다. 그러다가 드디어 작은

백자 항아리 하나를 사게 되었다. 지금도 내 책꽂이를 지키고 있는 청화백자. 이것을 나는 내 초임 반값을 치르고 샀던 것이다.

"사서 오래 들여다보면 진짠지 가짠지 알 수 있지."

선생은 도자기의 진짜 가짜를 가리는 법을 손쉽게 설명해주었다. 가짜는 얼마 지나면 싫증이 난다고 했다. 나로서는 놀라운 말이었다. 그리하여 나는 한 구절의 경어, 법어를 얻게 되었다. 그것이 '존구자명(存久自明)'이었다. 일컬어 '있음이 오래되면 스스로 밝아지느니'라는 경구라고 이름짓고 오랜 동안 좌우명으로도 썼다. 지금도 그러하다. 지리산 칠불사의 아자방에 가서 선생님을 생각한다. 한 번 불을 때면 한 철을 날 수 있다는 아자방은 한 철이 아니라 몇 십 년 동안 나의 온돌을 덥히고 있다고 할 수 있겠다. 비록 김상옥 선생님은 가셨지만 아자방의 가르침은 아직껏 내게 살아 있다. 그

청화백자는 여전히 싫증을 부르지 않고 내 옆을 지키고 있는 것이다. 그러므로 '존구자명' 진짜일 수밖에 없다.

'아름다움은 아는 것이 아니라 사랑하는 것'이라면서 도자기를 사랑하라고 권하던 선생의 마음에 귀를 기울이며 〈어느 날〉이라는 시조를 찾아 읽는다.

> 구두를
> 새로 지어
> 딸에게 신겨주고
> 저만치
> 가는 양을
> 물끄러미 바라본다
> 한 생애
> 사무치던 일도
> 저리 쉽게 가겠네
>
> – 김상옥, 〈어느 날〉

그리고 종종 이병주 선생을 술자리에서 맞닥뜨릴 기회가 있었다. 알렉산드리아의 풍경이 이러할까 싶도록 은성한 자리였다.

"모레까지 소설 이백 매는 써야 하네."

선생은 호기롭게 말하며 술잔을 연거푸 기울였다. 마치 고대 알렉산드리아 도서관에 들어앉아 있는 사람 같았다. 시 한 편을 쓰는 데도 한 달 내내 끙끙대는 내게는 아득한 풍경이었다. 인사동과 관철동의 술집에서 선생은 좌장처럼 술을 마시고 있었다.

"나는 아이들이 많아 글도 많이 써야 해."

선생은 말했다. 글을 쓴다고 모두 소화할 데가 있다니 다시 한 번 놀랄 수밖에 없었다.

오늘의 인사동에도 옛 습속을 간직한 어느 구석이 있는 것일까. 봉급을 다 날리며 사람들에 갈증나 찾아다니던 신문기자였던 K 같은 건달바가 아직도 있는 것일까. 인사동 거리를 걸으며 지난 세월을 생각한다. 나 역시 예전의 내가 아니듯이 모든 것은 예전의 그들이 아니다. 천상병 선생의 시도 없고 방영웅 형의 소설도 없다. 아름다움을 알기 위한 사랑은 더더구나 없다. 조자룡, 예용해, 조동화, 한창기 선생이 오가던 골동품 가게 화안도 주인 변경숙 여사와 함께 가고 더욱 쓸쓸하다. 그래도 나는 여옥의 술집을 지나 멜하바 가게를 기웃거리며 옛 자취를 더듬는다.

왼쪽 위에서부터 시계방향으로 옛 정취가 담긴 인사동 거리 널뛰기,
민요경창대회, 밤거리 술판, 인사동거리 부감 ⓒ 조문호

뜨겁고, 아프고, 찬란했던

신영란 _ 작가

그 시절 인사동은 술꾼들의 낙원과도 같은 곳이었다. 살짝 허풍을 치자면 여관비 빼고는 외상으로 안 되는 게 없었다. 외상 술에 취해 운이 좋으면 카페 '시인학교' 의자나 '실비집' 마룻바닥에서 새우잠을 얻어 잘 수도 있었다.

나와 내 친구들은 소주 열 박스 들고는 못 가도 먹고는 간다고 큰소리치던 역전의 용사들이라 너나없이 외상 거래엔 도가 터서 돌아가면서 술값을 긋고 다녔다. 오른손인가 왼손인가 손가락이 여섯 개인 남자 주인이 연탄불에 끓인 대합탕 맛이 일품이던 사거리 포장마차, 우리끼리 '번지 없는 주막'이라 명명한 뒷골목 고갈비집 중앙에 떡하니 자리 잡고 있던 전봇대가 가끔 무성영화의 한 장면처럼 스치곤 한다.

지금은 하늘 높은 곳에서 '이론과 실천' 출판 김태경 사장과 대작하고 있을 번역가 최석도 형을 처음 만난 곳은 인사동 '떨거지'들의 종착역으로 통했던 실비집이다. 거나하게 취한 친구들이 노래한 가락 뽑으라기에 못 이기는 척 일어나 부른 곡이 조용필의 '황진이'였는지 문주란의 '백치 아다다'였는지는 기억에 없다.

노래가 끝나자 술 한 잔 주고 싶다고 자기 자리로 청한 이가 훗날 최수민이라는 필명으로 《총알 차 타기》를 비롯한 스티븐 킹의 거의 모든 작품과 틱낫한 스님의 《화》를 번역한 명문장으로 알려진 최석도 형이었다. 그날은 형도 몹시 취해 있었다. 하얀 손가락, 여차하면 눈물이 뚝뚝 떨어질 것마냥 우수에 젖은 눈매가 한참을 나를 그 자리에 붙들어 앉혔다.

고백하자면 나는 속칭 '금사빠'였다. 더군다나 운명적인 사랑이란 게 있다고 철석같이 믿는 20대였다. 고전음악을 주로 틀던 카페 '하가'에서 다시 만났을 땐 세르게이 예세닌의 시집 《자작나무 숲에서》를 형에게 선물했다. 발칙하게도 그 어린 여자애가 좋아하는 사람이 생길 때마다 같은 시집을 선물한다는 걸 형은 상상도 하지 못했을 것이다. 자정 넘어 실비집에서 2차로 외상술을 마시고 각자 집으로 갈 택시비가 없었던 우리는 옥수동까지 두 시간을 걸어갔다. 형은 서대문구 어딘가에 살았고 옥수동은 나와 동생들이 사는 곳이었다. 형은 첫차가 다닐 때까지 시간을 보낼 요량으로 나름 기사도를 발휘한 것이었으나 나는 속 모르고 좋기만 했다.

"어쩌냐. 잉그리드 버그만이 6개월 전에 내 마누라가 됐어."

새벽달이 덩그러니 비치는 놀이터 그네를 타고 꾸벅꾸벅 졸던

늦은 밤 포장마차 풍경 © 김수길

그가 문득 생각난 듯이 말했다. 내 멋대로 점찍은 운명적 사랑은 그렇게 막을 내렸으나 술꾼으로서나 같은 출판계 동료로서나 형이 저세상 사람이 되기 직전까지 만남은 질기도록 이어졌다.

"맥주 두 병만 사 주라."

그땐 그 말이 왜 그렇게 듣기 싫었을까. 바쁘다는 핑계로 매몰차게 거절하는 나에게 형이 말했다.

"인사동을 벗어나고 싶어."

둘 다 일산에 살던 때였다. 이유를 물어볼 만큼의 여유도 내겐 없었다. 그리고 일주일도 안 돼서 형의 부음을 들었다. 장례식 내내 빈소를 지킨 문상객이 대부분 인사동 사람들인 걸 형은 알았을까.

"살았을 땐 술 한 잔을 안 사더니 죽어서야 석도가 술을 사는구나!"

먼저 가는 길 외롭지 않게 노래를 불러주자고, 그 또한 이제는 고인이 된 김태경 사장의 제안을 아무도 거부하지 않았다. 장례식에 쓸 만한 게 없어 단체 사진을 잘라 확대한 영정사진 속에서 형은 희미하게 웃고 있었다.

연극 〈천상시인의 노래〉와 인사동

김진규 _ 시인

　1998년에 제작한 〈천상시인의 노래〉는 시인 천상병을 추모하는 연극으로 그해 여름 나는 부산 공연을 기획 주관했던 인연으로 인사동 '귀천' 찻집에 종종 가게 되었다. 그때 '귀천'의 주인장 천상병 시인의 사모님이신 목순옥 여사를 처음 뵙게 되었는데, 자그마한 체구에 카랑카랑한 목소리가 무척이나 인상적이었다.

　연극은 극단 '즐거운 사람들'의 김병호 대표가 제작한 것으로 배우 김청, 강태기, 장두이가 주연하여 천상병 일대기를 극화한 내용이었다. 서울 대학로에서 연극을 제작하는 기간 동안 나는 부산에서 가끔씩 인사동 '귀천'을 들락거렸는데, 어느 때는 목 여사와 고등어 백반에 소주를 곁들인 점심을 먹고 낮술이 얼큰히 취한 상태에서 '귀천' 모퉁이에 앉아 지방에서 '귀천'을 찾은 분들께 천상병의 등단 시라 할 수 있는 〈강물〉을 뜬금없이 낭송하곤 했다. 천상병이 고등학교 때 지었다는 이 시는 김춘수 국어 선생님이 큰 시인이 되리라고 말했던 것처럼 지금 읽어도 절창 중의 절창이다.

> 강물이 모두 바다로 흐르는 그 까닭은
>
> 언덕에 서서
>
> 내가
>
> 온종일 울었다는 그 까닭만은 아니다
>
> 밤새
>
> 언덕에 서서
>
> 해바라기처럼 그리움에 피던
>
> 그 까닭만은 아니다
>
> 언덕에 서서
>
> 내가
>
> 짐승처럼 서러움에 울고 있는 그 까닭은
>
> 강물이 모두 바다로만 흐르는 그 까닭만은 아니다
>
> — 천상병, 〈강물〉

나는 그해 여름 부산문화회관 중극장에서 연극 〈천상시인의 노래〉를 3일간 공연 기획했는데 보기 좋게 관객 동원에 실패하고 배우들에게 쫑파티도 시켜주지 못한 채 김청이랑 포장마차에서 조촐하게 소주 한잔 마시는 걸로 위안을 삼고 말았다.

그 이후로 언제부터인가, 천상병의 마음의 고향 의정부시에서

인사동 문화 예술인의 고향 '귀천' ⓒ 김수길

매년 4월 말에 '천상병 예술제'를 개최하는데 나도 기꺼이 참석하게 되었다. 천상병 묘소에서 제사도 지내드리고 백일장 응모나 하모니카 연주로 예술제의 일원도 되고 저녁에는 다시 인사동 골목주점 '유목민'에서 지인들과 술판을 벌이곤 했다.

그러던 어느 날 늦은 여름 갑자기 목 여사의 부음을 접했는데, 그때는 나도 부산동아대병원에서 간 절제 수술을 받고 투병 중이라 조문도 못 가고 병실에서 합장하며 혼자 중얼거렸다.

"목 여사님, 하늘나라에서 천상병 선생님을 만나셨나요. 부디 평안히 영면하시길요."

세월은 흘러 흘러 어느덧 천상병이 귀천한 지 29년, 목 여사가 귀천한 지 12년이 되었다. 유수 같은 세월은 무심히 잘도 흘러간다. 하지만 사람은 갔어도 그 사람의 향기는 영원히 남는 것. 나는 오늘

도 허름한 주막에서 천상병의 시 〈주막〉에서를 암송하며 차디찬 소
주와 함께 천상병의 향기를 듬뿍 마시고 있다.

골목에서 골목으로

거기 조그만 주막집

할머니 한 잔 더 주세요

저녁 어스름은 가난한 시인의 보람인 것을

흐리멍텅한 눈에 이 세상은 다만

순하디 순하기 마련인가

할머니 한 잔 더 주세요

몽롱하다는 것은 장엄하다

– 천상병, 〈주막에서〉

내가 만난 인사동 작가들

노광래 _ 갤러리 씨네 대표

1980년 중반 인사동에서 주로 문인들, 특히 소설가 김문수, 방영웅, 강홍규, 윤후명, 배평모 선생 들을 많이 뵈었다. 그분들 중 《미로학습》,《甑猫(증묘)》등의 빼어난 심리소설을 썼던 김문수 선생은 오래전에 작고하셨는데 가끔 '귀천'에 오시면 디제이를 보는 내게 사라사테 〈집시의 노래〉를 신청하시고 얼마쯤 듣고는 갑자기 밖으로 나가시면서 흑~ 울음을 보이시곤 했다. 나중에, 고등학교 다니던 아드님이 그만 세상 끈을 놓았다는 뒷얘기를 듣게 됐다.

《관철동 사람들》이라는 르포 비슷한 실명 소설을 내셨던 강홍규 선생은 바둑과 우스개를 잘하시던 무던한 호인풍(好人風)이셨는데, 철학자 민병산 선생이 돌아가시고 일 년 뒤에 갑자기 돌아가셨다. 소설《만다라》작가 김성동 선생의 바둑 호적수였다는 전설의 작가분이다.

지금과 사뭇 다른 예전 쌈지 골목 풍경 ⓒ 조문호

그리고 쌈지 옆 골목에 수제비집이 있었는데 지금은 '인사동 그 집'으로 바뀌었다. 그 집은 《격정시대》, 《해란강아 말하라》 등의 수 작(秀作)을 남긴 연변 작가 김학철 선생이 원산에서 올라와 그곳에 살면서 보성중학을 다니다 고 2쯤의 나이로 상하이로 가서 독립운

'귀천' 벽에 걸린 이외수, 천상병, 중광 스님 사진 © 조문호

동을 했던 역사적인 장소였다. 인사동 12길 3의 주소인 이곳은 나중에 종로구에서 인사동 사적지로 지정했으면 하는 바람도 있다.

다음은《분례기》의 작가 방영웅 선생인데, 구수한 입담의 유쾌한 술꾼인 방 선생은 은근히 주위를 즐겁게 하는 재주가 출중한 분이었다. 채현국, 신경림, 구중관 선생과 자주 오셨던 분인데, 안타깝게도 이 글을 쓰는 사이 코로나로 유명을 달리했다는 기별이다. 삼가 명복을 빈다. 한국문학사에 길이 남을 명작《분례기》는 1971년 유현목 감독에 의해 영화로 만들어졌고, 윤정희가 주연을 맡았던 걸작이다. 그러고 보니 인사동 길 건너 휘문고가 그분의 모교인 것도 우연은 아닌 듯하다.

마지막으로 소설가 이외수 형의 얘기를 좀 해야겠다. 1980년대의 우리 소설계를 휩쓸었던《꿈꾸는 식물》,《장수하늘소》의 이외수 작가는 시인 천상병, 화가 스님 중광과 의형제를 맺어 《도적놈 셋이서~》라는 시화(詩畵)집을 냈는데, 간경화로 투병 중이던 천 시인에게 인세 전부를 기부했다. 화천에다 '이외수 감성마을'이라는 문학단지를 조성해서 한동안 거기에 살았는데 얼마전에 세상을 떠났다. 뛰어난 감성과 상상력의 작가를 떠나보낸 것이다. 그의 말년 작품 《벽오금학도》는 신선 소설의 효시를 이루는, 재미가 무진한 소설이다. 그런 그였기에 상당한 선화(禪畵) 그림들도 남겼다.

그는 기발한 감성과 더불어 따뜻한 마음의 소유자였다. 천상병 시인의 부인 목순옥 여사님이 말년에 천 시인 기념숍으로 경제적 어려움을 겪으실 적에 상당한 금액을 도와드리기도 했다. 그 일은 전영자 형수님도 큰 맘을 쓰신 것이다. 쉽지 않은 숨은 미담을 남기고 가신 것이다. 다시 보고 싶은 이외수 형님이다.

사는 게 뭔지

윤영준 _ 연세의원 원장

    인사동 길거리의 내 곡차 친구인 대한민국 최고의 금속 공예가 김식동 선생님이 이번 주말 인사동 '시가연'에서 결혼식을 하신단다. 내일모레면 팔순이신데 말이다. 하하!

    지난겨울 아주 추운 어느 토요일 오후에 오전 일을 끝내고서 인사동 대폿집 마실을 나갔을 때 우연히 식동 형님이 '귀천' 앞을 지나가시는 모습을 보고 반가운 마음에 뛰어나가 손을 마주 잡고 인사를 드렸다. 실은 변하신 모습에 처음에는 몰라볼 뻔했었다. 팔순이 다 되신 나이에 머리를 파마를 하셔서… 후후!

    "아니! 형님! 웬 파마십니까?! 여자라도 생기신 겁니까?!"라고 우스갯소리를 했더니, "벌써 안방에 색시를 들였어!" 하시는 말씀에 놀라 뒤로 나자빠질 뻔했었다. "역시 우리 형님은 인사동 최고의 선수셔!"를 연발하면서….

눈이 소복히 쌓인 인사동 겨울 골목길 ⓒ 김수길

　　지난겨울이 시작할 즈음 언제나처럼 인사동 대폿집에서 식동 형님을 우연히 만났을 때, "나 라면이 제일 좋아!" "이번 겨울 작업 실에 난방 준비를 해야 할 텐데… 뭐 이번 겨울도 난방 없이 잘 견 딜 게야!" 하시며 걱정 반 자조적인 믿음 반으로 힘없이 말씀을 하셨는데…. 나는 속으로 '무슨 라면이 좋으시다?!'고…, 난 이젠 라면 하면 구역질이 다 나는데…. 사별하신 후 혼자 사시려고 하니 모든 게 다 귀찮으셔서 라면만 드신다는 말씀이겠지! 난 아파트에서 난 방 다 틀어 놓고 솜이불 뒤집어쓰고도 추운데 이 추운 겨울에 썰렁 한 작업실에서 보일러도 없이 달랑 침낭으로 버티시겠다고?!' 하면 서 어찌나 마음 한구석이 찡하게 저며와 눈물이 나던지….

그런 식동 형님이 장가를 가신다니 나야 형수님 되실 분에게 감 사할 뿐이지만, 사람살이가 다 그렇지만 여기저기서 그래봐야 인사 동 골목 대폿집들에서지만, 그 형수님 될 분이 어떻니 저떻니 말들 이 벌써부터 많은가 보다.

난 그런 소리를 들을 때마다 "아, 노인네 등 시원히 긁어줄 분이 면 충분한 거 아니요?!"라고 좀 핏대를 올려 벌써부터 편드는 소리 를 하곤 한다. 거기다 요즈음 식동 형님은 새 형수 음식 자랑을 어 찌나 해대시는지… 벌써 팔불출이 되신 건가?! 후후! 혼자서도 추 웠던 이번 겨울 잘 버티셨지만, 그리고 이젠 두 분의 그 뜨거움(?)에 필요도 없겠지만, 결혼 선물로 작업실에 보일러나 새 걸로 놓아 드 려야 할까 보다. 하하!

아무튼 식동 형님이 이젠 더 이상 라면 드시지 말고 매일매일 뜨끈한 집밥 한 상 잘 차려 드시며 건강히 오래오래 두 분이 같이 행복하게 사셨으면… 하는 바람이다.

인사동 in 서울

장두이 _ 연극배우, 시인, 극작가

내게 인사동은 곧 대한민국 문화 현장이다. 1970년 고려대 국
문과 시절부터 지금까지 한 달에 서너 번은 나의 구역 테라토리처
럼 들락거린다. 눈이 오나 비가 오나 우박마저 머리를 으깨듯이 쏟
아질 때도 인사동 거리를 누비옷처럼 누볐다.

뉴욕 18년의 생활 속에 그린위치 빌리지 설리번 스트리트
(Sullivan Street)를 수시로 넘나들던 것과 같다. 뉴욕에서 돌아와 처음
으로 만난 '귀천'의 천상병 선생, 그리고 천상병 선생을 기리는 연극
〈천상 시인의 노래〉를 공연하고….

그뿐인가? 민속학자 심우성 선생, 나의 도살풀이 김숙자 선생,
화가 강행복, 홍상문 친구, 이모네 맛집…. 모두 내겐 나의 예술의
혼을 정으로 담아준 고마운 분들이고 명소다.

인사동은 단순한 거리가 아니다. 우리의 근현대 문화사를 지금
도 대표하는 곳이고, 나의 문화예술의 접점이다. 흐르는 세월 속에

변모하는 세태, 그래도 인사동의
영혼은 영원하리라 믿는다.

　오늘도 새로 뚫린 송현동길 따
라 인사동을 지진밟기처럼 한 숨,
한 걸음 고즈넉이 걸으며 옛날을
추억한다.

장두이

　인사동 만만세!
　인사동은 만남
　인사동은 인간의 정
　인사동은 온고이지신
　그래서 인사동이 좋아라

인사동 추억

이정래 _ 치과원장

    나는 1956년 사직동에서 태어나 어찌 보면 불행한 유년기를 보냈다. 늘 탈출하고자 하는 감옥 같은 시기였다. 항상 나의 의지는 묵살되었고 오로지 부모의 강요에 의해 공부만 해야 했다. 부모가 원하는 중학교를 가야만 했다. 늘 어머니 수첩의 시간표에 맞추어 과외를 다녀야 했고 늘 지쳐 있었다. 공부가 너무 싫었다. 난 답이 있는 문제들엔 관심이 없었고, 답이 없는 가슴속의 문제들에 답답해했다.

    박정희 대통령이 나의 구세주였다. 초등학교 6학년 여름, 과외 선생이 갑자기 침통한 표정으로 이제 과외가 필요 없으니 집으로 가라는 것이었다. 그날로 찾아간 곳이 인사동이었다. 정확한 장소는 기억이 나지 않는다. 나는 수송국민학교를 다녔고 과외를 다닌 곳이 교동국민학교 근처였는데, 그 가는 길에 요정이 있었다. 과외

아코디언을 연주하는 거리의 악사 ⓒ 조문호

가 끝나고 어머니와 같이 저녁 늦게 집에 오는데 늘 지나는 길목에 있는 요정에선 여자들의 웃음소리와 노래 소리, 악기 소리들이 들렸다. 그 안에는 특별한 세상이 있었다.

그러고는 뺑뺑이를 돌려 청와대 옆 청운중학교를 들어갔다. 공부에서 해방된 나는 가끔 그 요정을 기웃거리곤 했다. 결국 공부는 멀리하게 되었고 무협지에 빠져 도인이 되는 꿈을 갖게 된다. 축지법을 쓰고 구름을 타고 다니고…. 그 길을 가기 위해 십팔기 도장을 다니게 되는데 이때 풀어야 할 중대한 문제에 도달한다. 도인이 되기 위해 뚫어야만 하는 관문 '호흡'이었다.

이 문제는 이미 나의 가슴속 깊이 들어 앉아 있었다. 소풍을 창경원으로 갔었는데 그때 큰 의문이 있었다. 원숭이에게 과자를 던져 주었는데 그냥 먹지 않고 흙먼지를 손으로 털어 먹는 것이었다. '어? 바보네! 그냥 훅훅 불어서 먼지를 날려버리면 되는데?' 또 있었다. '코끼리는 몸무게가 무려 7천 킬로가 나가는데 2미터에 달하는 긴 코로 숨을 쉬어야 한다. 그게 가능한가?' 나는 이러한 답이 없는 수많은 문제들로 고심을 했다.

고등학교를 졸업 후 부모의 기대를 저버려 결국 집에서 쫓겨나 진정한 해방을 맞고 전국을 방황하다 공주 마곡사에 머무르게 되었다. 당시 유명 사찰은 고시생들의 요람이었고 마곡사 역시 입주를 하려면 수년을 기다려야 했고 또 빽이 있어야 했다. 당시 나는 대책 없이 처량하고 불쌍해 보이는 것이 빽이었다. 갈 곳이 없었고 운이 좋았다. 내가 마곡사에 지친 듯 찾아간 날, 예정에 없이 갑자기 하산을 하게 된 고시생이 있었다. 그렇게 눌러 앉아 2년간 은적암이란 암자에서 살았다. 나의 집이고 천국이었다.

내 방엔 책 한 권 없었다. 전기도 들어오지 않는 암자에서의 삶은 내가 전부였고 그냥 호흡이라는 화두에 모든 것을 녹이고 있었다. 그러나 찾고자 하는 호흡은 그 어디에도 없었다. 공허 그 자체였다. 2년을 살아보니 세상은 너무도 멀고 두려운 곳이 되었다. 머리를 깎아야겠다고 결심을 하고 마지막 세상 구경하자고 대전에 나가 영화를 보았다. '처녀의 성'이란 제목이 나의 호기심을 이끌었다. 이 영화가 나의 일생을 바꾸어 놓고 말았다. 일제 강점기를 배경으로 한 영화인데 백뮤직의 악기 소리가 나의 가슴을 파고들고 있었다. 인사동 요정 깊숙이에서 들려오던 그 소리였다. 나는 그다음 날 하산을 해 서울 국립국악원을 찾아 그 악기가 대금이라는 것을 알게 되었고 1년간 대금을 손에서 놓지 않고 매진했다.

당시 국립국악원 최고의 스승이었던 나의 대금 스승도 월급으로는 생활을 할 수가 없어 저녁엔 요정에 나가 연주를 했다. 하루는 그 스승을 따라 요정을 가게 되었는데 큰 충격을 받게 된다. 악기가 생활 수단이 되어서는 안 된다는 것을 알게 되었다. 너무도 비참한 것이었다. 그래서 치과대학을 가기로 결심을 하게 된다. 평생 처음 처절한 공부를 1년간 해보게 된다. 오로지 내 마음껏 대금을 불기 위해.

그렇게 개원을 하고 대금을 들고 다시금 인사동을 찾게 되고 수많은 추억거리를 만들게 되었다. 호흡의 문제? 나는 지금 그 희열

한밤중 골목길에서 화사한 자태를 뽐내는 '금꿩의 다리' ⓒ 김수길

로 살고 있다. 대금으로 호흡의 문제를 풀었고 결국 과거에 품었던 답이 없는 문제들을 모두 풀게 되었다. 대금 30년 만에 호흡의 문을 열어 그 즉시 'Natural Bleathing'이라 명명하였고 다시 수년 후 'Natural Walking'을 알게 되고 다시 수년이 지난 현재 인류의 핵심적 문제인 심각한 자연과의 괴리 문제를 해결할 수 있는 인류 초유의 이론인 'Natural Adapter'에 도달하게 된다.

숨 쉴 줄도 모르는 인간, 걸을 줄도 모르는 인간. 갓난 자기 새끼와 언어가 통하지 않는 유일한 종 인간. 태초에 갖고 있던 모든 자연적 기능을 다 잃어버린 인간. 이를 극복하기 위한 유일한 방법인 'Natural Adapter'를 인간은 태어날 때부터 연결해야만 한다. 나는 이 답을 대금으로 얻었고 대금을 불 힘이 남아 있을 때까지 인류에게 'Natural Adapter'를 알리고자 한다.

인사동 곳곳에 숨어 있는 표지석들 © 김수길

살아 숨쉬는
갤러리

고서점, 화랑,
그리고 '그림마당 민'

유홍준 _ 명지대학교 석좌교수, 미술평론가

1.

내가 인사동에 처음 발을 디딘 것은 1968년, 대학 2학년 때 내가 전공하는 미학의 선구자인 우현 고유섭 선생의 《한국미술문화사논총(韓國美術文化史論叢)》(1966)을 펴낸 통문관에 이 책을 사러간 것이었다. 그때 나는 오래전에 절판된 고유섭의 《조선탑파연구》(1948)도 구했다. 이 책은 8·15 해방되던 을유년에 창립한 을유문화사에서 발간한 《조선문화총서》(훗날 《한국문화총서》로 개명)의 하나로, 이 시리즈에는 손진태의 《조선민족문화의 연구》(1948) 등 근대 한국학 연구의 명저들이 많이 들어 있다.

1960년대 인사동은 고서점의 거리였다. 안국동로타리 인사동 입구부터 시작하여 학예사, 통문관, 승문각, 영창서관, 문고당, 한국서적센타, 고문당(김기윤) 등등이 줄지어 있었고, 1970년대엔 호고당(대표 김재갑), 시산방, 1980년대엔 관훈고서방(고 심충식), 문우서림(김영복) 등이 뒤를 이었다.

나는 어떤 책을 사기 위해서가 아니라 무슨 책이 있나 보러 인사동 서점가를 순회하였다. 윤희순의《조선미술사연구》(1946), 근원 김용준의《근원수필》(1948)과《조선미술대요》(1948)를 샀을 때는 너무도 기뻤다. 당시 월북 작가와 학자들의 저서는 금서였기 때문에 드러내 놓고 팔지 않았다. 단골 정도가 아니라 인간적 신뢰가 통해야 구할 수 있었다. 지금은 말해도 될 것 같은데, 나에게 벽초 홍명희의《임꺽정》, 이태준의《문장강화》, 김동석의《브르조아 인간상》 같은 말똥종이 책을 구해준 분은 학예사 사장님이었다.

1980년대에 학예사가 문을 닫은 뒤에는 통문관에서 많은 책을 샀다. 통문관에는 국학 관계 서적, 특히 미술사 코너가 따로 있어서 자주 이용하였다. 당시 나는 학생이었는데 세월이 흘러 이것을 인사동의 역사로 말하고 있자니 스스로 아련하기만 하다.

그리고 내가 대학원에서 한국미술사를 전공한 뒤 화가들의 전기로《화인열전》,《완당평전》을 집필 때는 고서와 간찰을 거의 다 호고당과 관훈고서방, 문우서림에서 구했다. 특히 호고당은 나를 위해 일부러 자료를 찾아주었다. 서점과 학자 사이에도 인연 또는 궁합이 있는지 내 친구 이광호는 고문당에서만 책을 구했다. 이렇게 젊은 시절 인사동 고서점을 드나들던 때를 회상하고 있자니, 인사동은 그때 확실히 고서점의 거리로 내가 학문적 토대를 쌓을 수 있었던 지식의 보고였다는 생각을 하게 된다.

중정 한가운데 나무가 돋보이는 한옥 © 김수길

2.

1970년대 인사동에는 많은 상업 화랑들이 들어섰다. 1970년 4월 현대화랑이 인사동에 문을 연 것은 우리나라 화랑 역사의 시작이다. 그때만 해도 화랑이라는 단어에 익숙지 않아서 당시 한 신문에서는 '그림을 판답니다'라고 소개했다. 마치 1980년대에 '이태원에 피자집이 생겼답니다' 같은 기사다. 화랑이 생기기 전 인사동엔 고서점과 함께 통인가게, 고옥당을 비롯한 고미술상, 구하산방으로 대표되는 필방, 박당표구, 상문당, 동산방 등 표구점들이 자아내는 고미술의 향기가 풍기고 있었는데, 여기에 상업 화랑이 들어서면서 현대미술이 더해지게 된 것이다.

1970년 9월, 현대화랑에서는 '박수근 유작전'이 열렸다. 당시 나는 대학 4학년으로 지난 학기에 김윤수 선생님이 미술사 시간에 '결국 우리 근대미술이 남긴 것은 박수근과 이중섭으로 요약된다'고 하신 것이 머릿속에 깊게 박혀 전시회 구경을 왔던 것이다.

지금 박영숙갤러리 자리에 있던 현대화랑은 미니 2층으로, 전시장에는 박수근 유화 소품과 스케치들이 빼곡히 걸려 있었다. 과연 박수근의 그림에는 고단했던 우리네 삶의 표정이 고스란히 담겨 있었다. 그림값은 유화 소품이 이만 원, 스케치는 오천 원이었다. 그때 나는 가정교사로 두 팀을 가르치면서 월 오천 원씩을 받았다. 그래서 눈 딱 감고 '과감하게' 〈창신동 산동네〉 스케치 한 폭을 샀다.

그리고 세월이 지나 1984년 어느 날 통문관에서 '박수근 삽화 스크랩북'을 만나게 되었다. 그 무렵 나는 백수였기 때문에 돈이 없어 이겸로 선생에게 사정하여 내가 소장한 박수근 스케치와 맞바꾸었다. 나는 이 스크랩의 삽화들이 《월간 장업계》라는 화장품 업계의 홍보용 정기간행물에 실려 있는 것임을 알게 되어 호암미술관의 박수근 특별전 때 〈박수근의 삽화에 대하여〉라는 글을 발표하였다. 그리고 2002년 양구 박수근미술관 개관 때 명예관장을 맡으면서 이 스크랩북을 기증하였다.

현대화랑 이후 화랑의 등장 과정을 보면 1970년 12월에 명동에 명동화랑(김문호), 1971년에 조선호텔에 조선화랑(권상능), 1972년에 사간동에 진화랑(유택환), 1974년에 인사동에 동산방화랑과 백송갤러리 등이 문을 열었다. 그리고 정확지 않지만 1975, 1976년 사이에 문헌화랑, 양지화랑, 경미화랑도 개관하였다. 그리하여 1976년에 한국화랑협회가 창립되고 초대 회장으로 명동화랑의 김문호를 회장으로 선출하였다. 이것이 우리나라 화랑의 출발이다.

이후 인사동에는 1977년에 선화랑, 송원화랑, 가람화랑, 1978년에 예화랑, 그리고 동숭동에 샘터화랑이 개관했다. 그리하여 화랑협회는 이들을 모두 회원으로 받아들여 제1회 화랑협회전을 개최하고 협회지 《미술춘추》를 발간하는 등 급속한 성장세를 보였다.

1980년대 들어가면 대구의 대림화랑(현 우림화랑)이 인사동으로 들어왔고, 1981년에 공창화랑, 1982년에 국제화랑, 미화랑, 1988년에 학고재가 문을 열었다. 인사동 이외 지역으로는 1981년 여의도에 표화랑, 1983년 강남에 박여숙화랑, 1992년 소격동에 예맥화랑 등이 있었다. 이것이 내가 알고 있는 우리나라 화랑가의 설립 과정이다.

1984년 나는 본격적으로 미술평론을 하고 싶어 중앙일보사《계간미술》을 퇴사하였다. 그때 선화랑의 고 김창실 사장이 나에게 《선미술》 주간을 맡아달라고 하여, 이후 3년간 선화랑은 나의 직장으로 되어 2층에 사무실을 갖고 있었다. 인사동 사람이 된 것이었다. 당시 상업 화랑들은 미술붐을 등에 업고 전시회를 활발히 열었다. 이 신설 화랑의 사장님들은 대개 35세 전후의 내 또래여서 나는 이들과 자주 어울리며 지냈다. 특히 추억으로 남은 것은 1984년 가을, 노화랑(송원화랑)의 노승진 사장이 주도하여 '화상들을 위한 한국미술사' 조찬 강좌를 열고 나를 강사로 초빙한 일이었다.

매주 수요일 아침 7시에서 9시까지 강의를 듣고 간단한 아침식사 후 각자 화랑에 가서 일을 보는 것이었다. '솔밭강좌'라는 이름의 이 강좌에는 송원화랑, 가람화랑(송상선), 국제화랑(이현숙), 상문당(박우윤) 등이 참여하여 3개월간 진행되었다. 한 달간 방학 후 가나화랑(이호재), 동산방(박우홍)도 참여하기로 했는데 쉬는 동안 긴장이 풀어져 뒤를 이어가지 못하고 끝나고 말았다. 그래도 이 화상들은 그때 새벽에 나와 난로불 피우고 슬라이드 강의를 듣던 것을 즐거운 보람으로 추억하고 있다.

3.

1980년대는 민중미술의 시대였다. 당국의 탄압을 받고 있던 민중미술 계열의 미술인들은 블랙리스트로 전시장을 대여하기 힘들게 되었다. 이에 1985년 민족미술협의회(민미협)를 결성하고 자체

사람들 ⓒ 김수길

전시장을 갖기로 했다. 그리하여 고(故) 김용태, 화가 김정헌 그리고 나 셋이서 합심하여 그해 12월에 수도약국 골목 들머리에 있는 허름한 건물의 지하 35평에 보증금 500만 원에 월세 70만 원의 세를 얻었다. 전시장 이름엔 당연히 '민족'이나 '민중'이라는 단어를 붙이고 싶었지만, 이는 불온의 상징이어서 그냥 '그림마당 민'으로 정하고 민씨 성을 가진 대표를 내세워 위장하기로 하였다. 그리하여 민중예술가들과 두루 가까이 지내던 나의 미학과 동창인 고 민혜숙을 대표로 하고 내가 운영위원장을 맡으면서 '그림마당 민'이 탄생했다.

개막전은 1986년 2월 민중미술가들의 작품을 한자리에 모은 〈40대 22인전〉이라는 아주 '부드러운' 제목으로 출발하였다. 이렇게 '그림마당 민'은 민중미술가들의 기대와 축복 아래 개관전을 대성황리에 가졌다. 나는 신촌 '우리마당'에서 하고 있던 '젊은이를 위한 한국미술사' 강좌를 '그림마당 민'으로 옮겨와 수강료를 받아 임대료를 내기도 했다.

'그림마당 민'의 등장은 민중미술 운동과 민미협의 활동에 획기적인 사건이었다. 대표적으로 〈통일미술전〉, 〈반(反) 고문전〉, 〈조국의 산하전〉, 〈갑오동학농민전쟁 100주년 기념전〉 등이 열렸는데, 앞으로 민중미술운동사 내지는 20세기 한국현대미술사를 서술함에 '그림마당 민'의 존재를 빼놓을 수 없을 것이다.

특히 1987년 3월 민미협에서 기획한 〈반 고문전〉 때는 박불똥의 작품 〈우리나라 대통령이 부(恥)럽다〉가 걸작이었다. 그러나 전시회 주최 측은 자체 검열 결과 '그림마당 민'이 폐쇄될 수 있다며 전시장이 아니라 사무실에 숨기듯 걸었다. 그리고 그해 연말에 열린 박불똥의 개인전 〈졸작전〉 때 공개 전시됐다.

그런 탄압 속에서도 '그림마당 민'에선 정말로 많은 민중미술가의 개인전과 단체전 그리고 기획전이 열렸다. 해마다 열린 〈통일전〉 같은 전시에서는 고 이애주의 춤과 김남수의 굿이 더해져 열기가 뜨거웠다. '그림마당 민'은 나중엔 화가 고 문영태가 발 벗고 나서서 운영을 맡으면서 조금 사정이 좋아진 때도 있었다. 그러나 어렵기는 매일반이었다.

한 해, 두 해 지나면서 '그림마당 민'의 운영에 차질이 생겨 매달 건물 임대료 마련하는 데 민혜숙 대표와 나는 혼신의 힘을 다하지 않을 수 없었다. 건물도 낡아서 비만 오면 전시장이 물바다가 되는 바람에 매번 그걸 닦고 치우는 게 일이었다. 홍선웅, 곽대원, 류연복, 유은종, 최석태 등이 정말로 고생들 많이 했다.

그리고 문민정부가 들어선 1993년 '그림마당 민'은 시대적 소명을 다하고 문을 닫았다. 민미협 회원들의 열띤 논쟁 끝에 '그림마당 민'이 문을 닫게 될 때 나는 영남대 교수로 대구로 내려가 있게 되었다. 그래서 그동안 매일 출근하다시피 했던 인사동은 이제는 일주일에 한 번 나와 전시회를 구경하고 '부산식당', '조금', '이모집' 같은 단골 식당에서 밥을 먹고 '귀천'이나 '수희재'에서 차를 마시고 '평화만들기'나 '소설' 카페에서 벗들과 어울리는 놀이터로 되었다. 그때 내 나이 43세였다.

1990년대로 들어가면 내가 드나들던 인사동은 크게 변하였다. 88올림픽을 계기로 인사동이 전통문화 거리로 지정되고 또 차 없는 거리로 변하면서 완전히 관광 거리로 변하고 말았다. 고서점, 고미술, 민예품 가게, 화랑으로 이루어진 문예의 거리가 관광상품 가게와 식당가로 변해갔고 거리의 주인공도 젊은이와 외국인 관광객으로 바뀌었다. 세월의 흐름을 막을 수는 없는 것이어서 아쉬움을 토로할 뿐이었는데, 그러면서도 오늘 이날 이때까지 인사동은 여전히 내 마음의 고향이어서 일주일에 두어 번을 찾아오고 있으니 인사동은 내 인생에서 타향 같은 고향이라고 말해야 할 것인가 보다.

갤러리 현대

1970년 '현대화랑'이라는 이름으로 처음 설립된 갤러리 현대는 2020년 50주년을 맞이했다. 수많은 작가들의 전시를 개최하며 창작 의욕을 고취시켰고 미술가와 애호가들을 연결하는 역할을 맡아 왔다. 또한 작가들의 주요 작품이 의미 있는 곳에 소장될 수 있도록 힘써왔으며 한국의 근대 미술과 현대 미술 사이에 존재하는 공백과 단절을 메워 나가고자 노력했다.

김환기, 천경자, 백남준, 이우환, 김창열, 박수근, 이중섭, 김기창, 유영국 등 한국 근현대 미술을 대표하는 거장의 작품들을 전시해 왔으며, 장-미셸 바스키아, 안드레아스 구르스키, 게르하르트 리히터, 로버트 라우센버그, 아이 웨이웨이, 프랑수아 모렐레 등 주요 해외 작가들의 전시를 기획하며 세계 미술계의 과거와 현재 그리고 미래로의 흐름을 조명해 오고 있다.

주소 서울시 종로구 삼청로 14
전화 02-2287-3500
홈페이지 www.galleryhyundai.com
인스타그램 @galleryhyundai

노화랑

1977년 '송원화랑'이라는 이름으로 인사동에 개관한 이래 현재까지 한국 미술 시장의 정립과 발전에 기여하고 있는 갤러리다. 한국 화랑사에 있어 미술 문화를 형성하고 한국 미술 시장을 출발시키는 역할을 담당했다. 또한 한국 근현대 미술을 주도해온 작가들의 전시를 기획하고 개최하며 미술 문화 발전에 이바지하고 있다. 1996년에는 관훈동으로 이전하며 화랑명을 '노화랑'으로 바꾸었는데, 개관을 기념하며 '미술로 본 20세기 한국 인물전'을 개최하였다. 이후에도 '이강소전', '윤형근전', '송수남전' 등을 기획하며 한국 현대 미술의 역량을 제시하였다.

주소 서울시 종로구 인사동길 54
전화 02-732-3558
홈페이지 www.rhogallery.com

백송갤러리

1974년에 개관한 이래 지난 40여 년간 한국 미술을 대중화하고 해외 작가를 국내에 소개하기 위해 수많은 전시를 기획해 왔다. 또한 한국 미술의 국제화를 위해 국제미술전에 참여해 유수의 화랑들과 경쟁해 왔으며 현재는 여러 나라의 갤러리들과 협력하는 화랑으로 인정받고 있다. 1992년부터는 백송미술재단을 설립해 후진 양성에 기여하고 있다.

주소 서울시 종로구 인사동길 31-8
전화 02-730-5824
홈페이지 www.artbaiksong.com

갤러리 우림

1974년 대구에서 '대림화랑'으로 시작해 1980년 7월 서울로 이전했다. 이후 2003년이 되어 '우림'으로 이름을 바꾸고 현재 사옥으로 옮겨 다시 개관했다. 갤러리 우림은 전통과 현대의 문화적 감성이 어우러진, 편안하고 미래 지향적인 문화 휴식 공간이다. 단아한 아취를 지닌 고미술 작품 세계와 우수한 근현대 미술의 흐름을 한눈에 가늠할 수 있으며 독창적인 여러 작품들을 감상할 수 있는 곳이다. 한국 미술의 새로운 지평을 열어갈 수 있는 작가와 열린 감성의 시각으로 미술을 사랑하는 관객들의 기교로 남고자 한다.

주소 서울시 종로구 인사동10길 18 대림화랑
전화 02-733-3788
홈페이지 blog.naver.com/artwoolim

조금(솥밥)

아담하고 정갈한 분위기를 지닌 일본식 솥밥 전문점이다. 정주영 현대그룹 명예회장과 배우 고두심 씨가 자주 찾는 단골집으로도 유명하다. 40년이 넘는 시간 동안 변함없는 맛으로 운영되어 오고 있다. 뚝배기 형태의 무광 토기와 3년간 건조한 박달나무 소재의 솥뚜껑은 밥맛을 살리는 조금만의 노하우가 담긴 용기다. 조금의 가마솥밥에는 죽순, 새우, 버섯, 무순을 비롯해 28가지가 넘는 재료가 들어가며 이들은 모두 조미료가 가미되지 않은 신선한 재료들이다.

주소 서울시 종로구 인사동길 60 크라운빌딩 1층
전화 02-734-0783

나의 인사동 전시장 소요記

김진하 _ 나무아트 갤러리 대표, 미술평론가

40년도 더 지난 1977년 6월. 고등학교 2학년인 방년 17세, 경상도 하고도 영주 촌놈 하나가 서울로 전학 왔다. 지금 현대건설 본사가 있는 종로구 원서동 휘문고등학교로. 등굣길을 몰라서 자주 버스를 잘못 갈아타거나 내리고, 그래서 지각을 면하기 위해 냅다 뛰며 등교하는 어리버리한 시절이었다. 집이 구로동이었는데, 버스에서 자주 멀미를 하다 보니, 주로 전철로 등하교를 하게 되었다. 그러곤 도보로 종각역에서 학교로, 학교에서 종각역으로 이동했다.

그러던 가을 어느 날 하굣길, 안국동에서 종각역으로 꺾어지다가 조계사 바로 건너편에 있는 '미술회관'이란 간판을 보았다. 오래된 일본식 양식의 건물이되 그 분위기가 제법 말끔하고 운치가 있는 흰색 건물이었다.

당시 화가 지망생이고 영주에선 그림 솜씨로 제법 날렸던 난,

서울에 미술 전시장이 있다는 말은 들었으되 그게 바로 눈앞에 있었어도 쉽게 들어가질 못했다. 뭐라는 사람이 없는데도 그저 숫기가 없어서였다. 서너 번 그냥 지나치다가, 가을 햇살이 노랗게 미술회관 흰 벽을 물들이던 날 그냥 쑤욱 하니 들어갔다. 서울 구경보다 휘황찬란한 촌놈의 첫 번째 전시 관람이었다. 중앙대 졸업생들의 그룹전이었는데, 대부분 사실적인 풍경화였다. 고등학생이 보기엔 얼마나 잘들 그렸는지 그리 넓지 않은 전시장에서 족히 한 시간은 서성였던 것 같았다. 그리고 조금 더 내려가다가 지금의 신한은행 건물쯤에 있던 '견지화랑'에서 100호가 넘는 대작 한가득히 사람 얼굴을 정교하게 그려 놓은 차대덕이란 작가의 극사실 인물화전도 보았다. 앞의 전시보다는 훨씬 수준 높게 눈이 뱅뱅 돌 정도로 잘 그린 그림에 깜짝 놀라면서 말이다.

이후 거의 매일 하굣길 인사동과 사간동을 아우르는 나의 전시장 탐방은 그해 겨울방학까지 지속되었다. 덕수미술관으로 간판이 바뀐 미술회관, 견지화랑, 동산방화랑에 들른 다음 날은 사간동 그로리치화랑, 출판문화회관, 현대화랑 등을 소요했다. 지금 생각해 보면 고리타분한 구상화부터 추상화, 그리고 현대미술에 이르기까지 뭣도 모르고 많이 봤었던 듯싶다. 그러다 1978년 학교가 강남으로 이사가면서부터 아쉽게도 나의 전시장 답사는 중단되고 말았다. 오호통재라! 한창 감수성 예민한 시기 이 수준 높은 나의 미술 문화질(?^^;)의 수동적인 중단이라니….

다시 인사동 전시장을 찾기 시작한 건 1981년 미대 2학년 때부터였다. 1980년 봄 신군부에 의해서 휴교령이 내리고 화실에만 짱박혀 있던 그해엔 어딜 다닐 생각도 없이 그저 분노와 허무의 술만 마셨다. 2학년이 되자 동기들과 가끔 전시장을 찾게 되었고, 그때 관훈미술관(지금의 관훈갤러리)에서 학교 교수님들이 많이 출품한 '에꼴 드 서울전'을 보았는데, 그런데 가만 자세히 보니 거긴 내가 1977년도에 다니던 삼육학원 건물이었다. 2층 창가에 앉아 수업을 듣다가 내려다보면 마당 넓은 큰 기와집 요정의 한복을 입은 아가씨들이 분주한 광경이 보이던 곳이었다. 전시장으로 개조한 지금도 그 창은 여전히 그대로 폐쇄되지 않고 있다. 그래서 가끔 관훈미술관 전시장에 가면 일부러 그 창에서 밖을 내다보곤 하는데, 그 요정 자리엔 백악예원 건물이 들어서 있다.

암튼 그렇게 분위기 좋은 관훈미술관은 이후 인사동 전시 관람의 필수 코스였다. 많은 젊은 작가들의 현대미술 전시가 있었고, 또 묵직한 규모의 전시도 있어서였다. 관훈미술관에 대한 기억 중 가장 선명한 것은 1984년인가 횡단그룹의 '잡음, 혼선, 소리전', 토해내기 전, 성능경 선생의 사진 설치전, 이철수 형의 목판화전과 박불똥 형의 포토콜라주 개인전이 아래 위층에서 동시에 열렸던 것과 뒷풀이로 처음 갔던 '부산식당'의 푸근한 느낌, 그리고 1985년 '김진열·장경호·정복수'전 등등이었다. 더불어 그때 자주 갔던 전시장으로는 수도약국 지하의 제3미술관, 수도약국 3층의 흔갤러리(1988년 내가 개인전을 했던 곳), 그 앞 건물 지하 청년미술관, 그리고 청년미술관 자리에 1년쯤 뒤에 다시 들어선 '그림마당 민'이 있다. '그림마당 민(과 서교동 한강미술관)은 개관 전부터 1989년인가 이사할 때까지 거의 모든 전시를 다 보았었고. 그러다가 1988년 고등학교 선배의 요청으로 어쩌다가 '한선갤러리'의 큐레이터로 일한 것이 지금 내가 인사동에서 쭈욱 이 꼴로 살게 된 시작이었다. 그때 한선갤러리는 성화빌딩(SK빌딩) 지하에 개관한 '금호미술관' '도올갤러리'와 함께 있었는데, 이때 관객들이 앞 건물인 관훈미술관과 연계해서 엄청나게 많이 드나들던 곳이기도 했다. 그러던 한선갤러리를 1993년에 나무기획 동료들과 함께 인수해서 대안공간을 표방하며 '나무화랑'을 열었으니, 참으로 젊었던 시절이었다.

당시 인사동의 주요한 상업 화랑으로는 동산방화랑, 동문당화랑, 가나화랑, 가람화랑, 선화랑, 상문당, 가람화랑, 현화랑, 노화랑, 국제화랑(사간동으로 이전), 통인화랑, 토갤러리(토아트스페이스), 학고재화랑(사간동으로 이전), 백송화랑 등이 있었고, 이후 1990년대 들어 종로갤러리, 인사갤러리, 모란갤러리, 보다갤러리, 단성갤러리, 상원갤러리, 삼정아트스페이스, 토포하우스, 갤러리룩스 등의 갤러리들도 많이 들어섰고 또 많이 이전하거나 사라졌다. 돌아보면 길지 않은 시간이지만 인사동은 많이 변했다. 천일사 부동산 바로 뒤에 있던 '귀천'의 학고재 옆 골목으로의 이전, '부산식당' 사장님의 걸걸한 목소리에 비례하던 인정과 지금도 변치 않는 메뉴, '그림마당 민' 바로 옆에 있던 탁자 서너 개 가게에서 인사플라자 골목에 커다랗게 확장한 '사동집' 등을 빼면 거의 사라졌다. 페이스북에서 보는 사진가 조문호 선생의 인사동 회한기(記)에 공감하는 이유다.

부산식당

부산식당은 양푼 냄비에 담겨오는 생대구탕과 각종 밑반찬, 직접 담근 김치를 제공한다. 한 끼 식사는 물론 해장 음식으로도 적절하다. 부산식당의 찌개에는 부산 사람들이 즐기는 방아라는 푸성귀가 들어가 있어 입맛을 돋운다. 2017년, 농협의 '쌀밥이 맛있는 집' 3호점으로 선정되기도 했다. 생대구탕, 생태탕 등을 주문하면 인원수에 맞게 그 자리에서 양푼 냄비에 밥을 지어 제공한다. 아무리 손님이 많고 시간이 촉박해도 언제나 갓 지은 밥을 제공하는 곳으로 유명하다.

주소 서울시 종로구 인사동11길 12
전화 02-733-5761
홈페이지 busan180.modoo.at

동산방화랑

1974년 개관한 이래 한국 고유의 미감을 간직한 전통 회화와 근대 미술, 그리고 시대적 가치를 반영하는 현대 미술로 이어지는 전시를 진행하며 한국 화랑의 중추적 역할을 수행해 왔다. 동산방화랑은 각종 기획과 중국 미술을 비롯한 아시아 미술을 소개하는 과정을 통해 근현대 미술의 주요 작가와 작품을 알려 왔다.

또한 역량 있고 새로운 젊은 작가의 작업을 선보이기 위해 노력하고 있다. 수준 높은 한국 근현대 미술 작품을 감상하고 공유할 수 있는 교류의 장으로 기능하는 공간이라 할 수 있다.

주소 서울시 종로구 인사동 9길 35
전화 02-733-5977
홈페이지 www.dongsanbanggallery.com
인스타그램 @gallery_dongsanbang

관훈갤러리

1979년 8월 15일 개관한 이래 지금까지 신세대 예술가들에게 현대적 시도의 탄탄한 기반을 제공하며, 한국 현대 미술을 진흥하기 위한 교두보 역할을 수행해 왔다. 에꼴드 서울, 로고스 앤 파토스와 같은 대형 기획전을 주도해 국내의 수많은 기성 작가들과 젊고 참신한 신인 작가들의 발표의 장으로 자리한 것이 대표적이다. 현대미술의 다양한 표현을 담아낼 수 있는 기획과 대관을 병행하고 있다. 참고로 관훈갤러리 건물은 일제 강점기 때 지어진 병원 건물이다.

주소 서울시 종로구 인사동 11길 11
전화 02-733-6469
홈페이지 www.kwanhoongallery.com
인스타그램 @kwanhoongallery

국제갤러리

1982년 이현숙 회장이 설립한 국제갤러리는 지난 40여 년 동안 한국 미술을 대표하는 화랑으로 자리매김했다. 동시대 국내와 해외 작가들의 주요 작품과 흐름을 소개하고 미술 문화와 시장을 두루 통합하는 등 미술은 물론 문화를 아우르는 허브의 역할을 수행해오고 있다. 해외 작가의 주요 전시로는 로버트 메이플소프, 루이스 부르주아, 제니 홀저, 로니 혼, 장-미셸 오토니엘, 줄리안 오피 등이 있으며 국내 작가로는 유영국, 김용익, 구본창, 최욱경, 안규철, 강서경 등이 있다. 특히 권영우, 박서보, 하종현, 이우환과 같이 전후 한국 미술의 역사성과 의의, 그리고 한 시대인으로서의 인생을 작업으로 승화시킨 유수의 단색화 작가들을 발굴하고 유의미한 단색화 담론을 세계 미술계에 소개한 것이 국제갤러리의 주요한 발자취라 할 수 있다. 또한 세계 최대 규모의 아트 페어 아트 바젤에 1988년부터 꾸준히 참가하는 등 미술 시장의 최전방에 서서 다양한 해외 컬렉터들과 미술 관계자들을 대상으로 한국 미술의 잠재력과 가능성을 알려 왔다.

주소 서울시 종로구 삼청로 54
전화 02-735-8449
홈페이지 www.kukjegallery.com
인스타그램 @kukjegallery

학고재

온고지신의 정신에 기반해 설립된 이래 약 30년 간 200회가 넘는 전시를 열며 옛것과 새 것의 교감에 관심을 기울여 왔다. '19세기 문인들의 서화', '조선 중기의 서예', '만남과 헤어짐의 미학' 등 고미술전을 통해 옛것에 대한 통찰을 지속한 것이 대표적이다. 또한 이봉상, 류경채, 강용운, 이상욱, 천병근, 하인두, 이남규의 작품세계를 재조명하는 '에이도스를 찾아서: 한국 추상화가 7인'을 통해 한국 근현대 미술의 뿌리를 공고히 하는 노력을 지속하기도 했다. 윤석남, 박영하, 김선두, 김호득, 노순택, 송현숙, 이용백, 정현, 김현식과 같은 작가들에 주목함으로써 새 것에 집중하는 노력 역시 게을리하지 않았다. 과거와 미래가 교차하고, 동양과 서양이 소통하며, 지역과 세계가 연결되는 장소로 자리하고자 한다.

주소 서울시 종로구 삼청로 50
전화 02-720-1524
홈페이지 hakgojae.com
인스타그램 @hakgojaegallery

인사동 '그림마당 민' 이야기

곽대원 _ 미술평론가, 그림마당 민 전 큐레이터

인사동은 1986년 가을부터 1993년 3월까지 내가 매일 출근한 곳이었다. 1987년 당시 전두환 정권은 군사정권 연장을 획책하였고, 이에 반발한 학생, 시민, 재야 운동 단체는 정권 퇴진 운동을 극렬하게 벌였다. 1988년 노태우 정권이 들어섰지만 재야 운동의 불길은 인사동으로 들어오기 시작했다.

고미술로 유명한 인사동은 아파트 건설 붐으로 들어선 화랑들의 집합지였다. 내가 있던 시절은 한옥 거실에 걸렸던 동양화가 사라지고 아파트 거실에 어울리는 서양화가 주류로 떠오르던 시기였다. 당시 난 대학원을 수료하고 인사동네거리 선화랑 건너편 경미빌딩 4층, 미술단체 민족미술협의회(민미협)에 근무하면서 동시에 인사동 수도약국 골목길 지하 '그림마당 민'에 출근했다. 그곳은 민미협이 만든 대안공간 갤러리였다. 1986년부터 1994년까지 인사동

2022년 5월 마루아트센터 '사람사는 세상'전, 이태호의 2019년 작 '푸른 김수영'
© 김수길

달고나의 추억 © 김수길

에 수많은 사람들이 넘쳐나던 황금기에 있었다.

천상병 시인과 함께 출근한 목순옥 여사가 운영하던 찻집 '귀천'은 1년 먼저 '그림마당 민' 뒷편 골목에 자리를 잡고 있었다. 천상병 시인은 '귀천'에 나오면 가까운 '그림마당 민'에 꼭 들렀다. 전시장에 들어오면 그림은 안중에도 없이 돈 천 원을 요구했다. 그때마다 난 저울질을 해야 했다.

"대원아, 대원아, 돈 천 원만, 돈 천 원만!!"

"맥주 사 먹으려고… 돈 천 원만, 돈 천 원만!!"

당시 천상병 시인은 막걸리가 버거우셨는지 맥주로 바꾸셨다. 목순옥 여사는 언제나 단정한 옷차림에 품위와 자상함을 유지했지만 천상병 시인은 한눈에 봐도 불안하고 볼품없는 얼굴에 가난의 때가 철철 넘쳤다. 그런 그를 당시 알았던 사람들은 대부분 피하고 멀리했다.

천상병 시인은 일찍부터 스스로의 욕망에 사로잡히지 않으려고 부귀영화를 아예 멀리했던 것 같다. 불편한 가난을 친구처럼 여

신경림 © 조문호

기고 작은 행복을 마약같이 즐기다 간 모습이었다.

그가 말년에 인사동을 활보한 때는 마침 진보적인 시인, 소설가, 화가들이 주축이 되어 만든 한국민족예술인총연합(민예총)이 그곳에 있었다. 그와 과거 연이 있었던 신경림, 민영 등 시인, 소설가 문인들이 인사동에 출근하다시피 했다. 문익환 목사가 북한에 넘어갈 때다. 당시 인사동은 자유로운 문화 예술인들로 차고 넘치는 공간이었다. 이들과 더불어 천상병 시인이 가장 신나게 놀다 간 곳이 인사동 아니었을까. '귀천' 껌딱지 노광래 부장도 이 즈음 '귀천'에서 만났다.

1993년 초 나는 '그림마당 민' 운영을 둘러싼 민예총 사무처장

대안공간 갤러리 '그림마당 민'의 흔적 © 김수길

김용태 형과의 갈등으로 미술평론가 강성원 씨에게 운영권을 넘기고 7년간 출근했던 인사동 출입을 끊었다. 삼백만 원 보증금을 삼천만 원으로 만든 뒤였다. (그림마당 민'은 1년 후 폐관하였다. 천상병 시인도 내가 '그림마당 민'을 떠난 1993년에 돌아가셨다.)

　　내게 인사동 시절은 지상 최고의 순간이었다 시인, 화가 등등 자유로운 영혼들이 마지막으로 거쳐간 회전문이었다. 나는 가끔 인사동에 이들의 망령이 되살아나고 있음을 발견한다. 코로나 시대 임대 공고를 붙인 가게들로 텅빈 인사동이지만, 술집 '유목민'에 취한 상태로 앉아 있는 장경호 화백이나 1980, 1990년대 자유인, 문화인들이 뚜벅뚜벅 혹은 비실대며 나타나는 마지막 모습에 인사동의 행복이 되살아나고 있음을 발견한다.

나는 세계에서 제일 행복한 사나이다

아내가 찻집을 경영해서 생활의 걱정이 없고

대학을 다녔으니 배움의 부족도 없고

시인이니 명예욕도 충분하고

이쁜 아내니 여자 생각도 없고

아이가 없으니 뒤를 걱정할 필요도 없고

집도 있으니 얼마나 편안한가.

막걸리를 좋아하는데 아내가 다 사주니

무슨 불평이 있겠는가.

더구나 하나님을 굳게 믿으니

이 우주에서 가장 강력한 분이

나의 빽이시니 무슨 불행이 온단 말인가!

– 천상병, 〈행복〉

고상한 미술관은 아니지만
지낼 만하니?

김구 _ 화가, 수필가

인사동과의 인연은 사실 1975, 1976년부터이지 싶다. 고등학교를 졸업한 나는 좋아하는 그림 그리기를 뒤로하고 일반 대학 입시에 매달렸다. 하지만 낙방했다. 한 번은 더 해보아야 하지 않나 해서 다시 공부하게 된 곳이 인사동 종로학원이었다. 지금 태화빌딩 자리이지 싶다. 재수 시절 학원을 향하는 인사동 길가의 그림들은 늘 내 눈을 훔쳤다. 가슴을 설레게 했다. 하지만 '대학에 가 취미로 그리면 되지' 하며 마음을 달랬다. 미술대학을 거부한 것은 시골에서 서울로 공부 보낸 부모님에 대한 마음이었다. 부모님의 바람은 좋은 대학 나와 취직하는 것이라고 생각했기 때문이었다.

아무튼 열심히 공부했으나 결과는 다시 실패로 끝났다. 기다렸

표구된 작품을 실어 나르는 리어카들 ⓒ 김수길

다는 듯이 징집영장이 나와 바로 입대했다. 군에서 나 자신을 돌아
보았다. 열심히 공부했다고 생각했지만 지금의 결과는 좋아하는 그
림을 멀리한 죄값이라 믿었다. 결국 실패를 합리화한 나는 그제야
화가가 되기로 마음먹었다.

제대하고 나니 살길이 막막했다. 표구사를 차려 그림과 생업을
병행하기로 했다. 그래서 다시 인사동을 오간 것이 제대 후 1980년
부터이다. 종이며 액자 재료 그리고 그림 그리는 지필묵을 사러 다
닌 것이다. 그 뒤에도 인사동을 찾는 발품은 여전했다. 전시회를 찾
아다니며 안목을 키웠고, 그걸 계기로 미술관과 박물관도 찾게 됐
으며 나름의 미술 공부도 할 수 있었다.

당시 사제 관계로 유지되던 동양화는 말도 많았고 탈도 많았던
시절이었다. 미술대학도 마찬가지였다. 머릿속에 자리 잡은 것은

'배우면 닮는다'였다. 멀리서 그림을 보아도 작가가 누구이며, 누구의 제자인지 누구의 화풍을 따랐는지 어느 대학 출신인지 훤히 보였다. 독학을 결심한 이유다.

세월이 흘러 가정을 꾸렸다. 아이들이 커가고 자그만 자영업으론 생활이 힘들었다. 평소 해왔던 그림으로 생활에 보탬이 된다면 더할 나위 없이 행복할 듯싶었다. 하지만 그림을 쉽게 그려 파는 행위를 혐오하던 나였다. 당시 유행하던 다방 개업에 힘입어 사군자며 산수화를 기계적으로 그려 파는 사람이 많았다. 내 눈에 그들의 작업은 인쇄 기계로 보였다. 부족하지만 전국을 떠돌며 닦은 사생 실력 덕에 산수화에 내 나름 화풍을 만들고 있을 때였다.

찬바람이 불고 겨울이 가까이 와 있었다. 몇 날을 망설이다가 화선지 반 절짜리 횡폭 다섯 점을 싸들고 인사동을 나갔다. 평소 정성껏 그려놨던 그림들이었다. 들어선 거리에는 화방과 지필묵 가게가 연이어 있었지만 막상 가게 문을 열고 들어설 용기가 나지 않았다. 괜스레 안국동까지 올라갔다 내려오기를 두어 차례 하며 망설였다. 모두가 나를 보고 '네 주제에 무슨 그림을 판다고' 하며 비아냥거리는 것만 같았다. 이 가게 저 가게 다가섰다 물러서기를 몇 차례…. 마른 침을 꼴깍 삼키며 한 가게로 들어섰다.

"저, 그림 좀 팔아볼까 해서 왔는데요."

어렵게 주인장에게 말을 꺼냈다. 벽에는 이런저런 산수화, 화조화, 달마도까지 집게에 달려 늘어서 있고 둘둘 말린 화선지며 필묵이 가득했다.

"어디 좀 봅시다."

두꺼운 안경을 쓴 중년의 주인장이 안경테를 만지며 말했다. 주인장은 넘겨받은 그림을 펼치더니 내 얼굴과 그림을 한 번씩 번갈아 바라보았다.

"이런 그림은 안 팔려요. 온통 황갈색에다 나무는 이파리 하나 없이 이렇게 앙상해서야. 더군다나 논바닥까지 싹 베어버린 황량한 벌판이니 쓸쓸해서 원!"

저렇게 그려야 팔린다며 주인장이 지목한 그림은 푸른 숲과 나무, 반쯤 가려진 기와집, 안개가 자욱하고 폭포가 쏟아지며 새들이 군무하고 강에는 낚싯배가 한가로이 노닐고 있는 청록산수였다. 돌아서 나오는데 나도 모르게 울컥했다.

'내 마음이 황량한데 어떻게 푸르게 그리나. 푸른 산은 와 닿지 않는 걸.' 당시 세상을 보는 내 마음이 그랬다. 가난했으며 장래가 불투명했고 막연하지만 홀로 그림 세계를 엮어야 했다. 그래서인지 앙상한 늦가을 풍경이 늘 가슴 깊이 와 닿았다. 그날 맞은 퇴짜는 살면서 당한 그 어떤 거절보다도 가슴 아팠다. 창피하고 부끄러웠다. 슬프고 화가 났다.

그 뒤 친구 전현준을 만났다. 친구는 말끝에 부모님이 살던 집을 팔고 이사를 간다고 했다. 집은 홍익대학교 근처 서교동에 있었다. 당시 모든 것이 미술에 꽂혀 있던 나는 순간 미술대학 근처에 미술관 하나 없는 것이 말이 안 된다며 집에 미술관을 차리면 어떠냐고 권했다. 친구는 생각 끝에 내 말에 찬성했고 부모님을 설득하여 미술관을 차렸다. 그것이 '한강미술관'이다. 아무튼 미술관 탄생에 기여했지만 실력이 부족한 나는 전시 엄두를 내지 못했다. 당시 전시 오픈 뒤에야 홀로 미술관을 들러 나름의 시선으로 시대를 읽는 작가들을 탐색했다. 스스로에 대한 열등의식 때문이었다.

1980년대 초 어수선한 사회 현상에 관심이 많던 나는 민족미술협회에 가담했으며, 그 결과 주된 활동 공간은 인사동 '그림마당 민'이 되었다. 생업이 아닌 그림으로 다시 인사동과의 인연이 시작된 것이다. 그곳에서 이런저런 전시를 하며 어수선한 사회현상을 그림으로 소화해보곤 했다.

하지만 살림은 녹녹치 않았고 그림 그리기는 갈수록 위협받았다. 그 많은 화가 지망생이 중도에 포기하는 이유를 알 듯했다. 하지만 가게 옥상에서라도 틈틈이 그림을 그렸다. 그처럼 힘들게 이어가던 그림 그리기였건만 불어 닥친 IMF 사태는 결국 붓을 놓게 만들었다. 가게는 파산했고 빚 감당에 10여 년을 온전히 바쳤다.

그런 상황에서도 재기할 수 있었던 것은 오직 좋아하는 그림 덕이었다. 결국 빚을 갚고 재기의 전시회를 2013년에 열게 되었다. 인사동 '경인미술관'이었다. 주로 늦은 밤 퇴근길에 만난 밤 골목 풍경이었다. 마주친 골목길의 가로등불, 리어카, 서 있는 차, 쓰레기통, 구인 광고 전단, 모든 것은 나 자신의 모습과 치환되었다. 그 후로는 인사동에 자리한 여러 화랑과 미술관에서 그룹전과 개인전 등이 이어졌다. 화가로서의 기운을 얻게 해주었다. 특히 '나무화랑'은 나에게 큰 힘을 주었다. 잊고 지냈던 화우들과 조우하게 된 공간이었

인사동 밤 골목길, 광고전단 © 김수길

나무아트 갤러리 © 김수길

기 때문이다.

2015년 비가 솔솔 내리는 어느 날 단체전을 마치고 철수한 그림을 들고 평소 주인장과 알고 지내던 주점 '유목민'을 찾았다. 비도 내려 운반도 어렵고 술 생각도 난 터였다. 쥔장에게 그림을 맡기고 언젠가는 찾아갈 테니 가게에 걸어 달라고 맡겼다. 전시가 끝나고 인연을 만나지 못해 화실로 돌아온 그림들. 포장된 채로 구석에 놓여 있는 작품은 작가의 영혼을 가둬 놓은 것이다. 그림은 보는 예술, 곧 보는 사람이 있을 때 비로소 살아 숨 쉰다.

주점에 맡겼던 그림을 오랜만에 만났다. 주인장이 제일 좋은 자리라고 손가락을 치켜세웠다. 술 마시러 왔다가 그림을 보았다는 지인들의 연락을 몇 차례 받았으나 직접 찾아보기는 오늘이 처음이다. '고상한 미술관은 아니지만 어때 지낼 만하니?' 나이 든 못난 화가가 내 그림에게 하는 말이었다. 난 그날 술을 많이 마셨다.

그런저런 세월과 함께 인사동에서 수많은 화가, 시인, 사진가, 연극인, 영화인들을 만났다. 전시는 수시로 열렸고 그곳에서 지인들을 오랜만에 만나 사는 이야기를 듣고 이런저런 대화 속에 문화 예술 전반에 대한 정보를 교환한다. 인사동은 대한민국 예술의 현주소인 셈이다. 과거의 영광이 쇠하고 많은 미술관과 전시장이 강남이며 서울 근교 지방으로 이사했다. 문화 예술이 서울 한복판이 아닌 더 넓은 세계로 나가는 측면도 있겠으나, 그 이면에는 좁은 장소와 높아지는 임대료를 감당 못하는 점도 크다 하겠다. 하지만 알고 보면 인사동에 뿌리를 두고 퍼져 나간 것이라 할 수 있겠다. 농촌이 도시의 뿌리인 것처럼….

전시면 전시, 모임이면 모임, 저마다 문화 예술인들의 수많은 사연이 있지만 결국 세상은 '가지고 못 가지고가 아니라 어찌 세상을 느끼며 사는가'이지 싶다. 그 경험을 할 수 있는 곳이 인사동 아닐까. 인사동을 찾아 몇 군데 전시를 보고 나니 출출하다. 낙원상가 아래를 걷다 국밥집이 보이기에 들렀다. 주문하니 5분도 안 되어 깍두기와 국, 그리고 밥 한 그릇이 나온다. 상 위에는 기본으로 놓인 왕소금과 고춧가루가 그릇에 그득하다. 그래 싱겁게 살다가는 훅 가는 세상이다. 맵고 짜게라도 먹으라는 뜻일까.

밥을 말았다. 간을 더하지 않았는데 조금 짜다. 하지만 어르신들 입엔 맞지 싶다. 뒷좌석 노인이 막걸리 한 잔을 사서 드신다. 가치담배 팔 듯 여기선 술도 잔으로 파는가 보다. 나도 한 잔을 청했

고달픈 이들에게 낙원을 선사하는 낙원상가 밥집들 ⓒ 김수길

다. 철철 넘치도록 따라준다. 한 잔 들이키고 깍두기를 입에 넣으니 식초가 따로 없다. 그런데 묘하게 낯설지 않다. 어릴 적 장터에서 보았던 맛이다.

뚝딱 비우고 계산하니 국밥 이천 원, 막걸리 천 원 도합 삼천 원 이다. 낙원상가 아래 우리가 찾던 낙원이 버젓이 있었다. 커피를 마 시려니 아무래도 밥값보다 비싸다. 이건 아니다 싶어 조계사 경내 카페 '가피'로 발길을 옮긴다. 그곳에서 파는 천 원짜리 커피가 생각 나서다. 부처님께 합장하고 들른 카페는 문이 닫혀 있다. 인생은 늘 그렇다. 원하는 것은 친절하게 기다려주지 않는다. 할 수 없이 커피 자판기에 종이돈 천 원을 넣는다. 잔돈 칠백 원이 시끄럽게 굴러 나 온다. 커피 한 잔, 오백 원짜리 하나에 백 원짜리 동전이 둘. 하나로 넷을 얻는다. 부처님의 가피다. 시간을 녹여 마시고 돌아오는 길, 화단의 지칭개가 환하게 웃고 있다.

조계사를 가득 메운 연등 © 김수길

경인미술관

1983년 12월 6일 개관한 경인미술관은 예술인의 문화 공간일 뿐 아니라 국내외인들에게 관광명소로도 널리 알려진 곳이다. 약 550평의 대지 위에 제1, 2, 3, 5, 6 전시관과 아틀리에, 야외 정원과 전통 다원으로 구성되어 전통과 현대가 어우러진 문화의 장소로 기능한다. 또한 각 전시관에서 연중 계속되는 여러 전시들은 물론 정원 사이 사이에 위치한 조각, 입체 및 설치 작품들이 미술관의 다채로운 볼거리로 자리하고 있다. 봄과 가을에는 야외 콘서트가 열리고 작가와 관객의 만남인 시연회가 이루어질 때도 있다.

주소 서울시 종로구 인사동10길 11-4
전화 02-733-4448
홈페이지 www.kyunginart.co.kr

인사동, 내 청춘의 고향

김종근 _ 미술평론가

  사람들에게는 모두 두 개의 고향이 있다. 하나는 자신이 태어난 영원한 육신의 고향이며, 또 하나는 자신을 성장시킨 정신과 영혼의 고향이 아닐까 싶다. 내 육신의 고향은 충청북도 괴산으로 아주 시골이다. 지방에서 미술대학을 나온 나에게 그래서 인사동의 화랑가 거리는 언제나 그리움과 동경의 대상이기도 했었다.

  물론 형님이 인사동에 있는 목우회 단체의 사무국장을 맡고 있어서, 20대 초반부터 나는 종종 인사동을 들락거리면서 당시 내로라하는 권옥연이나 변종하, 장리석, 황유엽 작가 등 원로 작가들을 수없이 만날 수 있었다.

  인사동에 줄지어 있던 국제화랑이나 표화랑, 선화랑, 가나화랑, 그리고 지하에 있던 금호미술관과 관훈미술관은 당시 내가 즐겨 들렀던 미술의 중심이었다.

1970년대에 들어와 화랑, 표구점 등의 미술품 관련 상점들이 이곳으로 집중되면서 인사동은 현재와 비슷한 문화의 거리로 발전하기 시작했다. 골동품 가게며 작은 구멍가게 같은 화랑, 표구, 필방, 전통 공예품, 전통찻집, 전통 음식점 등이 집중되어 있는 인사동이었다. 그리고 우리가 드나들었던 식당은 늘 새 밥을 해주면서 동태찌개로 화가들을 맞아 주었던, 아직도 그 정취를 간직하고 있던 '부산식당'이었다. 거기서 나는 1980년대의 많은 화가들을 만났고 그들의 예술과 영혼을 함께 나눌 수 있었다.

그 젊은 작가들 가운데는 안창홍, 최민화, 이흥덕, 정복수, 문영태, 박불똥 그리고 장경호 같은 이들이 함께 있었다. 그중에는 안타깝게 유명을 달리한 최경태나 정진윤 같은 작가가 있었다.

그 가운데 내가 지금도 잊을 수 없는 작가 중 한 사람이 강용대 화가이다. 작가는 홍익대 미학과 대학원에 재학 중인 나에게 선배 화가들을 소개시켜주며, 미술 평론 활동을 적극적으로 그리고 줄기차게 장려했다. 장경호 작가도 부추기고 도와주었음을 빼놓을 수 없지만.

강용대 화가는 빼어난 미술 이론과 지식으로 내게 많은 영향을 주었던, 그래서 더욱 켤코 잊을 수 없는 작가 중의 한 사람이다. 그랬던 그가 그토록 밤하늘의 별을 그리더니 독일 유학 후 갑자기 하늘에 별이 되어 지금은 밤하늘에 쓸쓸히 홀로 빛나고 있다. 그는 작은 체구에 언제나 담배를 물며 청파동 집에서 재워 주면서 작가들

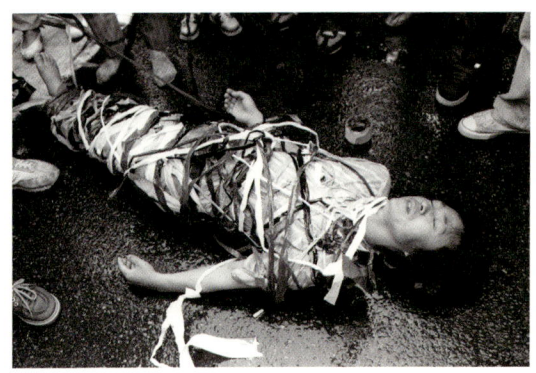

강용대 퍼포먼스 © 조문호

의 삶과 실체 등 많은 것을 내게 일러 주었다.

　그중에 같은 또래의 한 작가가 있었는데 그가 최경태이다. 최경태 작가는 곤궁한 삶 가운데도 당시 민중의 삶에 큰 관심을 갖고 거친 1980년대의 사회 풍경과 현주소를 담아낸 작가 중 하나였다. 초기에는 현실 참여적이며 비판적인 작업을 했지만 후에는 여고생 시리즈로 걸어두기 곤란한 에로틱한 작품을 주로 그려 미풍양속을 해치고 풍기 문란에 속하는 화풍으로 완전히 전향했다. 그리하여 보라 갤러리에서 하던 전시 중에는 그림이 압수당하여 불태워지는 등 많은 우여곡절을 거쳤다. 다행히 나는 그의 포스터 그림을 전시가 열리자마자 사두어서 겨우 소각은 면했다.

　나는 그의 이런 치열한 작업과 작가 정신이 멋있어 당시 음성의 작은 2층 화실에 그림을 그리던 그에게 찾아갔다. 그는 당시 서울 근교에서 작업하기를 강렬히 희망했다. 그래서 나는 양평에 지상권

국립현대미술관 서울관. 국군서울지구병원과 기무사가 있던 자리였다. ⓒ 김수길

만 있는 집을 아틀리에로 샀고 그가 입주해서 살았다.

　나는 없는 돈에 집을 사서 그에게 몇 년간 작업실을 거의 무상으로 빌려주었다. 이후에도 골프 사업하는 친구의 도움과 음악 사업을 하는 극성 팬의 컬렉션으로 드디어 강화도에 그만의 아틀리에를 지어 유명을 달리할 때까지 머물렀다.

　그래서 나는 1년에 두세 번 방문하여 안부를 묻고 막걸리도 사주며, 누드사진집도 주면서 약간의 그림을 사주기도 했다. 내가 여의치 않을 때에는 사업하는 컬렉션 친구까지 동행하여 그림을 사두면 좋을 거라고 내숭을 떨며 그림을 가져왔다.

　언제나 크게 내색하는 것을 싫어하던 그를 위해 나는 서울 전시를 기획하고, 뉴욕 개인 전시를 하면서 그와 더욱 가까워졌다. 그런 아프고 궁핍했던 추억들이 모두 인사동에서 꾸며지고 시작되었다.

그 외에도 손상기 작가를 이야기해야겠다. 그가 지금은 비싼 그림값으로 인기 작가가 되어 한국의 툴루즈 로트렉이라 불리지만 1980년대 그는 정말 초라하기 그지없는 외로운 작가였다. 마침 동덕미술관(동덕아트갤러리)에서 열리던 개인전에서 손상기와 주고받던 가슴 아픈 개인 삶의 이야기, 그리고 그때 적어놓았던 인터뷰 내용들은 지금 읽어봐도 생생하고 가슴이 찡하다.

내가 학교를 졸업하고 압구정동 현대백화점 미술관에서 관장을 할 때는 수요일 점심을 화가들과 주로 인사동에서 먹었다. 그러고는 '귀천'에서 커피를 마시고 헤어졌다. 조각가이자 전 국립현대미술관장이던 최만린 선생님, 산정 서세옥 화백을 만나 초밥집에서 그의 해박한 동양화론을 들은 것도 모두 인사동 카페였다.

특히 김흥수 화백께서 20호 정도 되는 내 초상화를 그려 무료로 주면서 그림이란 이런 거라고 일러주시던 곳도 낙원동 아구찜집이었다. 그리고 설렁탕집을 들어가자마자 40대 중반의 아줌마에게 "장모 나 왔어!" 하면서 도가니탕을 주문하던 60대의 권옥연 화백, 일찍 요절하여 한국화의 앞날을 어둡게 했던 소정 황창배 화백과의 인사동 밥집을 잊을 수 없다.

그러고 보니 내 평론가 삶의 뿌리는 인사동이었고 화가들을 만난 곳도 모두 인사동 바닥이었다. 지금의 인사동이 탈색하고 변질되어서 안타깝지만 여전히 내 고향은 인사동이다.

인사아트프라자갤러리

한국 전통문화의 다양한 장르의 작품과 작가, 관람객들을 위한 복합 문화 공간으로 인사동 중심부에 위치해 있다. 600평에 달하는 공간에서 국내외 신진 작가들부터 중견 원로 작가들까지 수준 높은 작품을 감상할 수 있는 전시 및 휴식 공간을 제공한다. 1층부터 4층은 전시 공간으로 이루어져 있으며, 5층과 6층에는 루프탑 카페 르프랑이 있다. 창의적이고 품격 있는 전시를 통해 관객들이 향상된 문화생활을 즐기기를 희망한다.

주소 서울시 종로구 인사동길 34-1
전화 02-736-6347
홈페이지 insaartplaza-gallery.com
인스타그램 @insaartplazagallery

선화랑

1977년 개관해 현재까지 500회 이상의 전시를 기획했다. 회화, 조각, 판화, 공예 분야 등에 걸쳐 작고 작가와 원로 작가, 중진 작가, 신진 작가, 외국 작가 등 다양한 이들의 작품들을 엄선한다. 샤갈이나 부르델, 매그넘과 같은 외국 거장을 국내에 소개하는 동시에, 외국 유수의 아트페어에 참가해 한국의 현대미술을 전파하고 보급해왔다. 또한 1979년부터 1992년까지 13년간 계간 미술지인《選미술》을 발행해 대중적인 미술 교양지가 부족하던 당시의 문화 환경을 개선하는 데 기여했다. 2003년에는 지상 4층, 지하 1층의 5개실의 전시실 규모를 갖춘 건물을 신축, 개관해 다양하고 폭넓은 작품들을 수용하는 복합 전시공간으로 거듭났다. 다양한 세대와 양식의 작품들을 전시함으로써 미술인과 애호가들에게 다양하고 심층적인 문화적 체험을 제공하고자 한다.

주소 서울시 종로구 인사동 5길 8
전화 02-734-0458
홈페이지 www.sungallery.co.kr
인스타그램 @sungallery_1977

동덕아트갤러리

1979년 7월 15일 동덕 여학단 법인에 의해 동덕미술관으로 문을 열었다. 동덕미술관은 당시 인사동을 중심으로 활발히 전시되고 유통되던 고서화가 아닌 동시대 동·서양화 작가들의 작품을 선보이며 미술계의 흐름을 선도했다. 1997년에 동덕아트갤러리로 변경하고 장소를 동덕빌딩으로 옮겼다. 이후부터 중국과 대만 화원의 원로 작가들과 교류 전시를 개최하며 국제 미술계와 호흡하기 시작했다.

동덕아트갤러리는 중견 작가뿐 아니라 청년 작가들의 작품들 역시 개관 초부터 꾸준히 전시해 왔다. 갤러리를 거쳐 간 여러 작가들은 오늘날 한국을 대표하는 작가들로 자리매김했으며, 미술계의 발전을 위해 활발하게 활동하고 있다. 이외에도 단체전과 초대전을 개최하며 작가들의 작품 세계가 한국 화단의 조명을 받을 수 있도록 창작 발표의 장을 지속적으로 제공해 오고 있다.

주소 서울시 종로구 우정국로 68
전화 02-732-6458
홈페이지 www.gallerydongduk.com
인스타그램 @dongduk_artgallery

수요일의
인사동

최영남 _ 화가, 수필가

　　전시장에 모인 사람들이 썰물처럼 빠져나간 뒤 한적한 인사동 골목길을 걷는다. 비가 내려서일까. 골목길에 판화로 남은 추억이 초가을 바람의 온도로 설핏 스쳐 가 문득 허허로워진다. 추억은 마냥 아름다운 것만은 아니어서 때로는 기쁘고 때로는 슬프다. 함께한 곳을 일부러 찾기도 하지만 애써 외면하기도 하는 이유다. 세월이 더 많이 흐르다 보면 언젠가는 슬픈 추억마저도 아름답게 남겠지만 그러기엔 아직 시간이 부족하다.

　　인사동에서 보낸 시간이 많다 보니 내 발길이 닿지 않은 곳이 드물긴 하다. 가는 곳마다 기억의 조각들이 맞추다 만 퍼즐처럼 널브러져 있다. 오래된 좋은 기억의 퍼즐을 제대로 맞추면 결대로 찢은 싱싱한 자연송이를 기름소금에 찍어 먹는 맛이 난다. 참 향긋한 추억이다. 함께했던 그때 그 사람들은 어디에서 어떻게 살고 있을

인사동 거리 행사 © 김수길

까. 인사동이 이렇게 변해버린 걸 알고는 있을까. 모였던 장소가 고
집스레 수십 년 변함없이 그대로 있어도 사람이 먼저 가버리기도
하고, 사람은 남아 있어도 장소가 먼저 사라져버리기도 한다. 추억
은 사라져버린 그 모든 것을 저장하기에 소중한가 보다.

　얼마 전이다. 멀리 있는 다른 동네로 이사 간 후 연락이 뜸했던
지인에게서 전화가 왔다. 인사동이라는 거다. 그러나 그날 따라 내
가 있는 곳은 인사동이 아니었다. 2년 전의 일상이었다면 곧장 나
갔을 터였지만 나를 위해서가 아닌 나를 접하는 타인을 위해서 스
스로 발목을 잡아야 했다. 통화의 요지인즉슨, 인사동이 너무 많이
변했다는 거다. 십여 년 만에 갔다는 그의 표현을 빌리자면 "인사동
이 도떼기시장이 되어버렸네. 정신이 하나도 없네"였다. 코로나 상
황에 찾는 사람들이 많이 줄어 황량하기까지 한데도 인사동의 고답
적인 분위기가 뇌리에 남아 있을 그에게 '정신이 없다'는 말은 매우

최영남

솔직하고 적합한 표현이라는 생각이 들었다.

그동안 인사동은 재화보다 문화 예술을 중시했던 예술인들의 아지트였다. 가난하지만 개의치 않거나, 가난하다는 사실조차도 인지하지 못한 채 정신적 풍요를 누리는 예술인들이 모여 예술을 논하던 곳이었다. 그들의 아지트가 하나둘 사라지고 현대적 상업 시설이 새로 들어서는가 하면, 아예 허름한 건물이 통째로 사라지고 큰 건물이 번듯하게 들어서기도 했다. 일일이 헤아릴 수 없을 만큼의 화랑, 표구사, 필방과 골동품 가게 등이 없어지고 천연 염색이 아닌 옷가게와 중국산 기념품 가게, 짧은 시간만 머물러야 하는 식당 등은 늘었다. 나무 기둥이 손님들의 손자국으로 반질거리던 전통찻집이 없어진 대신 젊은이들이 좋아할 만한 깔끔한 카페는 늘었다. 인사동이 변한 것을, 변해가는 것을 나라고 모를 리가 없다. 다만 나는 인사동의 분위기가 조금씩 변해 가는 모습을 늘 지켜보았기에

놀랄 일이 없었고, 오랜만에 인사동을 찾은 그는 몇십 년 만에 흰머리로 뒤덮인 친구를 만난 양 변해버린 모습에 놀랐을 뿐이다.

근래에 이르러서는 외부적인 요인까지 겹친 탓에 변화의 속도가 너무 빨라졌다. 인사동 분위기가 너무 바뀌었다는 말은 차마 꺼내기조차 민망스럽다. 변한 게 인사동뿐이겠는가. 코로나19가 한 자리 숫자로 유입되기 시작할 때부터 팬더믹(pandemic) 상황이 되는 끔찍한 일은 없어야 한다며 걱정했던 게 벌써 2년 전이다.

화가들에게 잔칫날과 진배없었던 수요일의 인사동 풍경도 바뀌었다. 인사동의 바닥이 좁아서 안면 있는 화가들을 만나지 않고는 지날 수가 없었던 수요일의 인사동 길, 전체 공간을 빌려 왁자한 모임을 하는 식당도 이제는 없다. 식사를 하며 근황을 전하고, 술잔을 놓고 자연과 삶, 예술에 대하여 담론을 하던 예술인들의 모습도 사라졌다. 그 자리에 함께했던, 지금은 이 세상에 존재하지 않는 사람들이 마냥 그립다.

자유와 평범한 일상이 얼마나 소중한지를 뼈저리게 느끼게 된 지금, 변화는 생존이 걸린 당면한 과제이며 수순이겠으나 안타까운 것도 사실이다. 그럼에도 아직 손쉽게 문화 예술을 향유할 수 있는 곳이 인사동이다. 사람이 사람을 보면 반갑고, 사람이 예술을 만나면 새로운 창조가 되는 여유 있는 곳. 젊은 날의 기억을 더듬어 인사동 길을 걸으면 추억 속의 사람들도 늘 함께다.

언젠가 인사동에서 약속 없이 그를 만나고 싶다. 고집스럽게 전통을 지키고 있는 고풍스러운 전통 다원에 가서 아직도 그대로인 풍경을 보여주면, 하나도 없다던 그의 정신이 조금은 돌아올지도 모르겠다. 나는 지난날처럼 작설차를 주문해야겠다. 그리고 그윽한 향기와 쌉싸래한 맛에 취하면 다시는 돌아오지 않을 옛날에 대해 지지배배 지지배배 노래하고 싶다.

백악미술관

인사동 한가운데 위치한 백악미술관은 누구나 쉽게 찾을 수 있고 전시된 여러 미술품들을 즐기며 쉼과 여유를 얻을 수 있는 서예, 문인화 전시 전문 미술관이다. 130평에 달하는 공간에 구성된 세 개의 전시실에서 작품을 감상할 수 있다.

1983년 설립된 백악미술관은 미술인들이 창작품을 발표할 수 있는 장이자 전통 예술과 현대가 함께 호흡하는 공간으로 자리매김해 왔다. 2007년 일중기념사업회가 발촉된 후에는 한글 서예를 선도한 일중 선생의 업적을 기리고자 일중서예기념관을 마련해 그의 대표작들을 전시하고 있다.

백악미술관은 옛것을 바탕으로 새로운 것을 창조하는 서예의 법고창신과 같이 전통과 현대를 잇는 가교가 되어 한국 미술계의 활발한 창작 및 전시 활동에 보탬이 되고자 한다.

주소 서울시 종로구 인사동 9길 16
전화 02-734-4205
홈페이지 www.baegak.co.kr

한양화랑

1977년, 서울의 한가운데인 인사동에서 개관한 한양화랑은 지난 40여 년간 같은 자리를 지키고 있다. 고서화에 대한 전문 지식과 경험을 바탕으로 수준 높은 작품을 통해 묵향의 참 멋을 전하기 위해 힘써 오고 있다.

주소 서울시 종로구 인사동길 39-1
전화 02-732-6495

천지에 쓴 낙서,
정신적 떠돌이가 된 사람들에게

이도윤 _ 시인

고향 같은 위안의 터가 된 곳이 인사동이다. 취하고 싶은 예술가들이 모여들어 떠들다가 비틀거리고 헤어지는 곳이 인사동이라면, 날마다 휘청거리는 화가는 단연코 여운 교수였다. 나는 그러한 여운 교수와 매일 만나거나 적어도 하루걸러 만나곤 했으니 나도 비틀거리는 중심에 있었던 셈이다.

여운 교수가 민족미술인협의회(민미협) 회장을 하고 있을 때, 인사동에서 점심을 먹으며 술을 푸기 시작해 이미 거나해졌는데, 형이 오후 세 시 수업에 들어가야 한다면서 나더러 같이 택시 타고 학교로 갔다가 수업 끝나면 다시 인사동으로 나오자는 것이었다.

나는 무작정 따라갔다. 수업이 끝날 때까지 자신의 연구실에서 한잔하면서 기다리라고 열어 준 냉장고에는 각종 술이 그득했다. 얼씨구나! 나는 고량주 한 병을 꺼내들었다. 혼자 술을 마시다가 심심해진 나는 여운 교수 이젤 위에 놓인 그림 앞에 섰다. 백두산 천지 그림이었다. 취한 데다 장난기가 솟은 나는 천지의 중심에 '민족 통일'이라는 글씨를 써버렸다. 아주 즐거운 마음으로 멋대로 휘갈겨 썼다. 그리고는 태연히 남은 고량주를 비우는 중에 수업을 마친 형님이 들어왔다. 우린 지체 없이 곧바로 인사동으로 돌아가 소담 양 사장의 "삼류가 다시 쌍으로 돌아왔네"라는 환대를 받으며 다시 술자리를 계속했다.

나는 인사동을 출입하면서 '삼류 시인'을 자청하고 삼류 시인이 되었다. 그뿐만 아니라 여운 교수에게도 '삼류 화가'라는 애칭을 붙여주었다. 삼류라는 말은 구도자의 예술을 뒤집어쓴 방랑자에게 가장 잘 어울리게 스스로를 규정하는 건방지기 짝이 없는 단어일 것이지만, 우린 당시 그 단어에 의해서 더욱 돈독해졌었는지도 모른다. 그런데 술잔을 기울일수록 아까 천지 위에 쓴 글씨가 계속 어른거렸다. 나는 여운 교수에게 정중하게 물었다.

"형, 낙서에 대해 어떻게 생각해?"

"흠…, 낙서는 모든 예술의 근본이라 할 수 있지."

그렇지, 그렇고 말고, 참 좋은 말이다! 적극적으로 맞장구를 치는 내게 여운 교수는 낙서 찬양론을 장황하게 늘어놓기 시작했다. 난 그럴수록 낙서에 관한 질문을 집착적으로 이어갔고 형은 마침내 짜증을 내기 시작해서 술자리는 끝나고 말았다.

그렇게 헤어지고 다음 날 아침, 일찍부터 내 전화기에 여운 교수의 이름이 계속 찍히기 시작했다. 물론 나는 하루 종일 여운 교수의 전화는 받지 않았다. 그리고 일찍 퇴근해서 후배 시인과 인사동에서 술을 마시고 있었는데, 어느 순간 카페 문이 거칠게 열리며 고함 소리가 작렬했다.

"야, 이도윤!"

내 앞에 여운 교수를 비롯해 대여섯 명의 화가들이 떡하니 버티고 섰다. 헉! 그 그림은 민미협에서 북한 어린이 그림물감 보내기 운동으로 판매할 여운 교수 출품작이었다는 것이다. 여운 교수는 거의 나를 내려칠 기세로 노려보았다. 나는 앞뒤 생각 않고 엉겁결에 외쳤다.

"형, 내가 그 그림 팔아주면 될 것 아니야. 그리고 오늘 형들 술값 내가 다 내줄게."

순식간에 우리의 인사동 밤은 다시 호방하고 따뜻해졌다. 낙서는 모든 예술의 근본이라더니, 뭐 이렇게 화를 내는 거야? 앗, 그건 형의 그림이고 낙서는 내가 한 것이니까 안 되는 건가? 어찌 되었든 나는 낙서가 된 백두산 천지 그림을 지인에게 수월하게 넘겼다. 그리고는 여운 교수에게 오만한 농담도 덧붙일 수가 있었다.

"형, 그냥 천지 그림만 그렸으면 팔리지 않았을 거야. 내 낙서 때문에 산다 하더라고."

헤어진 시간들을 지금은 쓸쓸히 기억하지만 인사동에는 아직도 방황하는 예술의 혼들이 서로를 껴안고 있다.

노란 은행잎이 가득한 인사동 가을 거리 © 김수길

새롭게 낡아가는 인사동을 그리며

황주리 _ 화가, 작가

인사동을 떠올리면서 나는 그곳에서 많은 시간을 보낸 우리 세
대의 젊은 시절을 '순수의 시대'라 부르고 싶어진다. 요즘 드라마를
보면 대개 빠트릴 수 없는 등장인물의 직업 중 하나가 갤러리 큐레
이터와 사립미술관 관장이다. 요즘 인기 있는 그림들이 드라마 곳
곳에 출몰하고, 그림을 보러 온 고객이 사두면 몇 년 안에 가격이 몇
배로 뛴다는 솔깃한 이야기를 듣는 장면도 빼놓을 수 없다. 요즘 세
상을 그대로 반영하는 장면이다.

유명 연예인의 그림이 매진되고, 유명 연예인 누군가가 그림을
사면 따라서 사는 모방 컬렉션이 유행인 세상이라 한다. 그림이 좋
아서 사는 게 아니라 어느 그림이 오를 거라는 입소문으로 그림을
산다.

정말 처음 경험해보는 세상이다. 주식도 아닌 그림이, 아니 주

황주리

식의 미래도 모르는 판에 그림이 얼마나 오를지 아는 사람은 아무도 없다. 경매에서 그림 값을 계속 조작하기 전에는 말이다. 어쨌든 내 생각엔 그렇다.

　나는 집에서 걷는 거리에 있는 덕성여중과 숙명여고를 다녔고, 학교에 가려면 늘 인사동을 지나가야 했다. 인사동에 걸려 있는 작가들의 그림을 보려고 설레는 마음으로 화랑 안에 들어서던 날들, 그때는 화상도 작가도, 그 수가 얼마 되지 않았지만 그림이 좋아서 사던 컬렉터도 다 순수한 시절이었다. 지나간 것은 다 그리워지기 마련이라지만, 그 시절의 화랑에 걸려 있던 그림들이 눈에 선하다.

　남관과 변종하, 천경자, 박고석, 박생광 화백 등 그 시절의 쟁쟁한 화가들의 그림을 보며 사춘기를 보냈다. 세대마다 좋아하는 가수나 배우가 변화하듯 그림도 마찬가지인가 보다. 요즘 젊은이들은 우리 세대 중 그림에 관심이 있는 사람들이 좋아하던 그 화가들의 이름도 그림에 관해서도 잘 모른다. 아니 요즘 이십 대에게 '엘리자베스 테일러'가 누군지 아냐고 물으면 대부분 모른다 한다. 피카소도 마티스도 서구의 유명 작가들은 세월이 흐를수록 더 기억되고 끊임없이 전시되고 나이를 초월한 수많은 팬을 지니는데, 우리의 근현대 작가들이 잊혀져가는 건 참 아쉬운 일이다.

　요즘 인사동에 가면 내 중고등학교 시절 아니 이삼십 대 시절의 인사동은 사라져버린 느낌이다. 인사동이라는 고유명사는 사라지고 인사동이라는 지명만이 존재하는 아쉬운 느낌이랄까? 인사동에서 우리는 무엇을 보고 느끼고 방황하고 누구를 만나고 헤어졌던가? 전통 음식을 먹으러 가는 일 외에 인사동 나들이를 가는 일은 뜸해졌다. 언제부턴가 중국제 기념품을 파는 곳들로 넘쳐나는 인사동의 골목골목, 비오는 날이면 오래된 한옥의 기와에 떨어지는 봄비 소리를 들으며 막걸리를 마시던 기억, 그때 그 친구들은 다 어디로 갔을까?

　세상 떠난 지 오래된 화가 강용대와 이만익 화백의 기억들도 희미해져간다. 세월은 우리의 옷깃을 적시는 가랑비처럼 살금살금 내려 어느새 우리의 온몸과 마음을 싣고 떠내려간다. 어쩌다 인사동에 가면 전통차를 파는 넓고 근사한 카페에 앉아 옛 친구들을 기억하기보다는 스마트폰을 들여다보는 데 열중한다. 스마트폰 안에 더 많은 친구들이 들어 있는 것이다. 스마트폰 덕분에 그 아무도 외롭지 않고 심심하지도 않은 세상에 우리가 어디에 있든 뭐가 중요하단 말인가? 지금 이 시대 우리의 가장 친한 친구는 스마트폰이다.

　그러면서 〈내 친구의 집은 어디인가〉라는 영화 제목이 떠오

오래된 기억의 흔적을 담은 낡은 벽돌담 © 김수길

르고, '내 친구는 몇 명인가?' 하는 이상한 질문이 마저 떠오른다. 하긴 숫자가 중요하지는 않을 것이다. 단 한 사람이라도 좋을 것이다. 친구란 모름지기 터놓고 자신의 이야기를 할 수 있는 존재이며, 서로가 진정 어떤 사람인지 잘 알고 있는 사람이며, 타인 앞에서 적어도 험담은 하지 않는 존재일 것이다.

스마트폰을 구경도 못해 보고 일찌감치 세상을 떠난 화가 강용대가 떠오른다. 살아생전 그는 늘 별만 그렸다. 별만 그리다가 별이 된 사람을 오랜만에 떠올린다. 요즘 세상은 그렇게 순수한 화가에게는 어울리지 않는다. 그는 이럴 줄 미리 알고 다른 별로 이사 간 것일지 모른다.

미국 현대미술의 거장인 '앤디 워홀'은 기계가 되고 싶다고 말했다. 감정을 느끼고 싶지 않다고도 했다. 그보다 훨씬 오래 살고 있는 나는 요즘에야 그 마음을 이해한다. 상처받지 않는 기계가 되고 싶다는 말이리라. 나는 기계가 되고 싶다기보다는 기계에 관해 '모르고 싶은 마음'이 된다. 사람도 기계도 마음대로 안 된다. 내 맘대로 안 되는 기계의 신비함은 때로 나를 거부하고 때로는 무시하며 제 맘대로 앞서 가다가 죽어버리기도 하는 것이다. 모르고 싶은 마음은 어디서나 튀어나온다. 어떤 그림이 좋은 그림인지, 성공이란 또 무엇인지.

단지 늘 진화하는 영혼이 되고 싶다는 바람이다. 요즘 인사동에 가면 어느 지점에 감성과 정신이 머물러, 그저 유쾌하지도 않은 지난 얘기나 떠들어대는 쓸쓸한 옛 친구를 오랜만에 만나는 기분이랄까? 차라리 다정한 옛 모습을 간직한 소박한 옛 친구라면 좋을 것이다. 나는 늘 새롭게 낡아가는 방법을 꿈꾼다. 가끔 인사동에 가면 새롭게 낡아가는 인사동을 마음속으로 그려본다. 옛날과 지금과 내일이 다정하게 공존하는 곳, 언젠가 그런 날이 올 수도 있을까? 우리들의 인사동을 돌려받을 수 있을까? 나는 기계가 되고 싶다던 '앤디 워홀'을 떠올리며 또다시 모르고 싶은 마음이 된다. 아, 인사동, 그림이라는 단어만큼 그리운 이름이다.

천도교 중앙대교당과 수운회관 ⓒ 김수길

갤러리 라메르

'라메르'라는 이름처럼 다양한 장르의 미술을 넓게 포용하며 생활 속에 자연스럽게 스며드는 미술 문화의 보급에 앞장서고 있다. 2001년 10월 총 300평의 규모로 개관했는데 당시 사설 갤러리로서는 국내 최대 규모였다. 빠르게 변화하는 현대 미술을 조망할 수 있는 다채로운 기획전 및 다양한 전시를 구성했으며 동시에 한국의 정서와 미감을 현대적으로 해석한 기획전을 준비하기도 했다. 이러한 과정을 통해 우리 미술의 정체성을 확립하고 대중화에 기여하고자 했다. 매년 The Artist Project, 기획 공모 및 라메르 신진작가 창작 지원 프로그램과 같은 작가 지원 프로그램들을 통해 참신한 중진 작가를 재조명하고 개성 있는 신진 작가를 발굴하기 위해 노력하고 있다. 한국 미술을 현대화하고 대중화하는 작업과 더불어 지속적으로 작가를 지원함으로써 우리 미술이 나아갈 지표를 마련하고자 한다.

주소 서울시 종로구 인사동5길 26
전화 02-730-5454
홈페이지 www.gallerylamer.com
인스타그램 @gallerylamer

마루아트센터

고객들과 세계 각국의 여행객들에게 수준 높은 전통문화 상품을 판매하고 여유로운 공간을 제공하며 인사동 명소로 자리 잡아온 인사동 마루아트센터는 2018년 10월 신관 3층에 대형 갤러리를 오픈하며 문화 예술의 중심에서 전시 문화로 바꾸었다. 예술과 대중이 함께 호흡하는 공간으로, 예술가가 중심이 되고 예술가의 변모하는 모습에 답변하며 예술을 사랑하는 분들과 함께 언제나 작가와 관객을 잇는 특별한 안식처, 소통의 공간이 되고자 한다. 총 6개의 전시장이 있다.

주소 서울시 종로구 인사동길 35-6
전화 02-2223-2533
홈페이지 maruartcenter.co.kr
인스타그램 @maru_artcenter

예성화랑

1987년 개관해 현재까지 세계적으로 유명한 근현
대 미술 작가들의 작품을 국내에 소개해왔다. 예
성화랑이 주관하는 다양한 기획전은 미술가와 애
호가들에게 찬사를 받고 있다. 전문적으로 조직된
기획 전시 프로그램을 통해 국내 미술 시장의 비
전을 대중화하는 데 앞장서 왔으며 한국 문화 산
업의 발전에 일익을 담당해왔다. 또한 개관 20주
년을 맞이해 지난 2007년에는 '베르나르 뷔페 전'
과 같이 유럽의 세계적인 작가들을 소개했다. 이
에 더해 새로운 모티브로 다양한 작품 활동을 하
는 비전 있는 신진 작가들의 작품을 기획·전시하
고 있다. 국내외의 유망 작가들을 꾸준히 발굴하
고 국제 무대에 소개함으로써 현대 미술의 새로운
시대를 열어 나가고자 한다.

주소 서울시 종로구 인사동9길 31
전화 02-738-3630
홈페이지 www.yeasunggallery.com

인사아트센터

전통성과 현대성을 조화시킨 새로운 인사동 미술
문화의 랜드마크를 지향한다. 세계적인 건축가 장
미셸 빌모트가 고전 건축에 주로 이용되었던 중
정을 도입해 고전적 요소와 현대적 미감이 어우
러진 공간을 만들어냈다. 인사아트센터는 다목적
전시 기능을 수행하기에 적절한 내부 시설을 갖
추고 있다. 전시 문화를 활성화시키기 위한 1, 2, 3
전시장과 1, 2, 3 특별관으로 구성되어 있다. 그리
고 4, 5, 6 전시장은 문화 장르의 영역을 확대하고
전통과 현대의 조화를 추구하는 복합미술문화공
간이다.

주소 서울시 종로구 인사동길 41-1
전화 02-736-1020
홈페이지 www.insaartcenter.com
인스타그램 @insaartcenter

PKM 갤러리

2001년 개관한 PKM 갤러리는 현대 미술의 흐름을 첨예하게 담아내는 국내외 유수 작가들의 전시 프로그램을 운영해왔다. 윤형근, 권진규, 구정아, 코디최, 이상남 등 한국 화단을 대표하는 작가들의 전시를 여는 동시에 존 발데사리, 올라퍼 엘리아슨, 댄 플래빈, 카스텐 홀러 등 해외 저명 작가들을 국내에 적극적으로 소개했다. 백현진, 구현모, 이원우, 토비 지글러, 브렌트 웨든과 같이 젊은 작가들을 알리며 이들이 차세대 미술 주자로 성장할 수 있도록 돕기도 했다.

2004년 한국 화랑 최초로 프리즈 아트 페어에 초청되어 한국 현대미술이 세계 미술시장의 중심에 진출하도록 기여했다. 아트 바젤, 피악, 아모리 쇼, 엑스포 시카고 등 국제 아트 페어에 꾸준히 진출해 근현대를 망라하는 수준 높은 국내외 작가의 작품들을 글로벌 컬렉터와 미술 관계자들에게 소개하고, 한국 미술이 국제 무대에서 탁립하는 데 이바지했다.

주소 서울시 종로구 삼청로7길 40
전화 02-734-9467
홈페이지 www.pkmgallery.com
인스타그램 @pkmgallery

갤러리 이즈

훌륭한 전통과 맥을 현대적으로 새롭게 구현하
고자 하는 문화적 공간으로 대구 달성의 남평 문
씨 후손이 운영 죽인 갤러리다. 갤러리 이즈는 다
양한 대관 전시를 진행할 뿐 아니라 여러 기획전
을 통해 미술 문화를 선도하고, 신진 작가의 창작
을 지원하며, 다양한 예술 작품들을 소개하기 위
해 노력한다.

갤리러 이즈 건물은 재일동포 출신의 세계적인
건축가 이타미 준의 작품으로 1, 2, 3층은 독립
된 네 개의 전시실로 구성되어 있어 다양한 전시
목적에 맞게 활용할 수 있으며 4층은 사무실 및
VIP 접견실로 사용하고 있다.

주소 서울시 종로구 인사동길 52-1
전화 02-736-6669
홈페이지 www.galleryis.com
인스타그램 @gallery__is

전통을 이어가는
고미술품

숨 쉬는 박물관 인사동

김경업 _ 시인, 전 서울공대 교수

종로는 서울의 상징이오 내뿜는 힘의 원천이다

아침나절엔 구름[雲]처럼 모여들어 쫓고 쫓다[從]가 석양 무렵엔 바람처럼 이 거리 저 거리[街]로 흩어지는 사람들

종운가(雲從街)라 전해져 내려온 옛 이름이 예사로울 리가 없구나

힘의 원천이 시-공(時-空)을 꾸준히 이어온 종로의 정체성(正體性)이렸다

안국동네거리에서 삼일로로 이어지는 전통문화의 거리 일번지 - 인사동, 하루에 육만 명도 더 많은 사람이 오가는 역동성 있는 핵심적 통로

모든 옛것들이 오밀조밀 조화롭게 현대의 역사 위에 차곡차곡 쌓이고 고스란히 발현되어 살아 있는 박물관, 서울의 볼거리 많은 상징적 거리로다

전각, 필방 © 김수길

행정구역 관인방(寬仁坊)의 '仁' 자와

댓절골 큰 절터 대사동(大寺洞)의 '寺' 자가 만나니

'인사동(仁寺洞)'이라

이는 역사의 크나큰 행적(行跡)이었음이로다

외국인이 유난히도 많이 찾았기에 더 유명해진 거리, '세계인이
가고 싶어 하는 거리' – 영국 엘리자베스 여왕도 첫 한국 방문에 인
사동 거리를 최초로 찾아 거닐며 인정했다던 우리의 전통문화의 거
리. 이생진 시인은 그런 역사성 있는 고풍이 점점 퇴색해져가는 인
사동 거리를 몇 줄의 시로 일갈했다.

인사동에 와서도

인사동을 찾지 못하는 것

동서남북에 서 있어도

동서남북이 보이지 않기 때문

그렇게 찾기 어려운 인사동이

東은 낙원동으로 빠지고

西는 공평동으로

南은 종로오가에서

北은 관훈동으로 사라지니

인사동이 인사동에 있을 리가 없다

종로 1, 2, 3, 4가가 어우러져

하루 육만여 명의 발걸음이

밀려왔다 밀려가는 사람들의 물결

조선시대 寬仁坊의 仁과

大寺洞의 寺가 만나

仁寺洞이라 하였으니

거기 가거든 반갑다고

人事 - 仁寺나 하라.

- 이생진, 〈인사동〉

인사동의 고즈넉한 분위기와 고풍스런 정서가 어인 일인지 근
자엔 시들해져가는 듯하기 때문일 것이다. 문화 명소로, 관광 특구
로, 유명해지는 만큼 현대화해가는 그런 분위기는 인사동 정서와
맞닿아 있질 않다. 진정한 고문화와 그 예술적 가치의 진수가 무엇
인가? 이제라도 개발과 보존에 대한 진정한 철학과 역사적 고민이
없는 무개념적 개발을 멈추고, 역사성과 전통이 살아 숨쉬는 거리

인사동 거리 © 김수길

와 문화의 보존에 치중했으면 함이다.

"하나님 길은 있기 마련입니다. 그 길을 보여주시옵소서!

능력 주시는 자 안에서 내가 모든 것을 할 수 있느니라."

−《빌립보서》4장 13절

아원공방

아원공방은 1983년 인사동 골목에 처음 문을 연 금속공예 전문점이다. 현재는 삼청동으로 자리를 옮긴 아원공방은 금속공예가 낯설던 시기부터 다양하고 친근한 인테리어 소품, 장신구 등을 선보여 왔다. 1층 가게에서는 직접 제작하는 촛대, 화병, 액자 등의 소품들을 판매하며 2층 갤러리에서는 전시, 마켓 등의 이벤트들을 진행한다. 3층에서는 커피와 맥주, 와인, 칵테일 등의 주류를 마시며 쉬어갈 수 있는 카페와 바를 운영하고 있다.

주소 서울시 종로구 북촌로5가길 3
전화 02-735-3482
홈페이지 www.ah-won.com
인스타그램 @ahwoncraft

중앙공예관

1975년 '중앙화랑'이라는 이름으로 창립된 중앙공예관은 40년이 넘는 시간 동안 한국의 전통 공예품을 널리 알려왔다. 중앙공예관은 한국 고유의 멋을 현대적인 모습으로 재조명하며 전통 공예품을 대중화하는 데 기여했다. 2005년 전국 우수관광기념품 공모전에서 동상을 수상하고, 2006년 서울시 우수관광기념품 공모전에서 금상을 수상하는 등 활발한 활동을 이어오고 있다.

주소 서울시 종로구 인사동길 17
전화 02-735-6494
홈페이지 www.insadong27.com
인스타그램 @insadong_giftshop

1964년 인사동

장광팔 _ 만담가

　서울 토박이는 '고향이 없다'고 말한다. 명절이면 오히려 귀향 교통 정체를 즐기며 떠날 지방에 계신 부모님이 안 계시다 보니 생긴 말일 게다. 내 고향은 인사동이다. 할아버지와 아버지인 장소팔(본명 장세건 1922-2002) 선생이 태를 버린 곳이 인사동이니, 이곳이 내 고향 아니겠는가?

　당시 서울 종로구 관훈동 165번지는 지금의 인사동네거리 미술세계사 자리로, 길바닥에 'MBC'라는 동판 표지가 박혀 있는 곳이다. 할아버지 장성규 옹이 김애리 할머니와 슬하에 5남 1녀를 낳아 키우며 바깥채에 가게를 내어 무악재를 넘어 들어오는 중국산 모피와 주단을 팔았다. 당시는 복개가 되기 전으로 인왕산 계곡에서 흐르는 물이 관훈동을 거쳐 청계천으로 흘러들어 갔으니, 우리 집은 개천가의, 요즘으로 치면 주상복합 한옥이었던 셈이었다. 화재로 전소된 이곳은 후에 자개 장롱을 밀어내고 호마이카 장롱으로 유명했던 동일가구점을 거쳐, MBC라디오 방송국, 덕원미술관, 미술세계사가 차례로 자리를 차지했다.

1952년 내가 태어나던 시절은 아버지 장소팔 선생이 고춘자 선생과 함께 라디오 앞에 전 국민을 모아놓고 웃음과 해학으로 꿈과 희망을 심어주었던 서울의 이야기 문화 만담의 전성기였다. 국민학교 다닐 때, 반공일(토요일)이나 일요일에는 아버지를 따라 국악로 백궁다방에서 어리다고 두향차를 시켜놓고는 배뱅이굿 이은관, 만담가 김영운 선생 등 아버지 동료들이 장난삼아 한 모금 마시게 했던 도라지 위스키며, 계란 띄운 모닝커피는 환상적인 금단의 맛이었다.

그 맛을 못 잊어 용돈이 생기면 친구들과 남대문 시장에 가서 미군용 레이션 박스를 몰래 사다가 뜯어먹곤 하였다. 영어로 쓰여 읽지도 못했지만 하도 봐서 글자 모양으로 내용물을 알아채 냈다. 비스킷도 카키색(국방색) 깡통('간쓰메'로 불렀다) 안에 들어 있고, 고기 통조림, 커피, 담배, 성냥, 휴지까지 들어 있는 종합선물세트였다.

1964년 내가 경기중학교에 입학하자, 집안은 잔치 분위기였다. 부모님께서 입학 선물을 사주러 간 곳은 당시로서는 6층 고층 건물에 바닥은 대리석('도키마사'로 불렸다)을 깔아, 처음 가보는 아주머니들은 황급히 고무신을 벗어들곤 했던 화신백화점(1890년 신태화가 설립한 화신상회를 1931년 박흥식이 인수했다)이다. '천국으로 가는 계단'이라 불리던 에스컬레이터와 안내양이 있는 엘리베이터가 신기해 일

없이 오르락내리락하던 시절이었다. 5층에서 교복과 교모를 맞추고, 1층으로 내려와 세이코 시계와 파카 만년필을 사들고, 지하에 있는 경양식집에 들러 먹던 오므라이스는 왜 그렇게 맛있었는지.

길 건너 난쟁이 거울에 자신을 비춰보며 깔깔 웃고, 귀신의 집에 들어가 호들갑을 떨던 놀이 시설이 있는 신신아케이드(지금 SC제일은행 본점 자리) 학생백화점에 들러 학생화 앵클 구두를 사서 신었다. 중2가 되자 겉멋이 들어 군 워커를 질질 끌고 다녔지만.

동대문 전차 종점(이스턴 호텔 자리)에는 수영하러 자동차 고무 튜브 들고 뚝섬 가던 기동차와 문안(4대문 안)으로 갈 때 영천(독립문)이나 마포 또는 노량진까지 가는 전차가 있었다. 철길에 엎드려 레일에 귀를 대면 멀리서 오는 전차 소리가 들렸다. 그러면 잽싸게 큰 못을 올려놓아 기차가 지나간 후 납작해져 자석으로 변한 것을 들고 장난을 쳤다. 왕십리역이나 수색역까지 철길을 따라 걸어가 구멍 뚫린 코르크 덩어리를 가져다가 친구 상고머리 뒤통수를 긁으면 무척 따가워하는 모습을 보고 낄낄대며 놀던 시절이다.

전차 표값이 일반은 2원 50전, 학생은 1원 50전이었는데, 학생표 10장을 사면 10원에 할인해 주었다. 이걸 11장으로 잘라 쓰다 걸리면 전차 차장 아저씨한테 혼이 나곤 하였다. 통학길은 전차를 타면 화신백화점에서 내리고, 버스를 타면 종로2가 YMCA에서 내려 한 사람 겨우 지나갈 승동교회 뒷골목을 통해 태화관에서 인사동네 거리를 거쳐 안국동 골목길을 들어서면 풍문여고(지금의 공예박물관), 덕성여고, 복수탕이라는 목욕탕을 지나면 경기중학교(지금의 정독도

1961년 세워진 종로 YMCA건물. 3·1독립운동을 준비했던 역사적인 장소이다. ⓒ 김수길

서관)가 나왔다.

골동품 가게가 즐비한 인사동에는 민주당사(총재 박순천 여사)가 있었고, 수도약방을 지나 안국동으로 넘어가는 코너에는 한참 후에 신민당사가 들어섰다. 뭣도 모르고 1965년 한일회담 반대 데모에 고등학교 형들이 시키는 대로 친구들과 앞장을 섰다가 수방사 군인 아저씨에게 연탄 나르듯 군 트럭에 실려 종로경찰서에 끌려가 반성문을 쓰고, 부모님이 오셔서 훈방되었던 추억이 있다.

중3 때에는 연건동 서울미대 땅과 붙은 집에 살았는데, 그때 가정교사가 서울상대에 다니던 김근태 형이었다. 민주화 운동의 거목

옛 인사동 모습의 흔적들 1 ⓒ 김수길

이 되기 전 군부 독재 반대 학생운동을 주도하다 피신하던 때였다. 얼굴은 창백할 정도로 희고 온순한 성품의 소유자였는데, 어디서 그런 민주 투사로서의 강단이 나왔는지 모르겠다.

예전 인사동 남단의 파고다 공원(탑골공원, 탑동공원)은 쇠꼬챙이로 둘러싸여 있었는데, 한참 후 삼일문이라는 박정희 대통령 휘호 현판이 붙으며 돌담으로 바뀐 것이다. 이곳은 고려 시대에는 홍복사, 조선 시대에는 원각사라는 큰 절이 있어 대사동(大寺洞)으로 불리웠는데, 윗마을 관인방과 통합되면서 '인' 자와 '사' 자를 합쳐 '인사동'이 된 것이다.

이곳은 조선 후기부터 매월 5일마다 전기수(傳奇叟)라는 고전소설을 읽어주는 직업 낭독가들의 활동 무대였다. 그 후에도 이곳에서는 탑동공원 고담사(古談師)라 불리운 '설유' 등을 비롯해, '탑골공

옛 인사동 모습의 흔적들 2 © 김수길

원 이야기꾼 김한유(일명 금자탑)' 등이 2003년 세상을 뜨기 전까지 전설의 이야기꾼으로 서울의 이야기 문화를 꽃피웠다.

　또한 고종황제 때 16세의 나이로 가무별감(화초별감)을 지낸, 민담의 시조인 박춘재 선생이 이판동에서 태어나 인사동을 중심으로 활동하였고, 그의 무릎제자 장소팔이 관훈동(지금의 인사동)에서 태어나 인사동을 주무대로 활동하였으니, 이곳은 서울 이야기 문화의 메카이다. 이런 유래가 장소팔 선생의 후계자인 차남 장광팔(본명 장광혁)이 인사아트프라자(인사동길 34-1) 장소팔 극장을 중심으로 서울 이야기 문화의 맥을 잇는 이유이기도 하다.

금박연

금박연은 한국 금박 공예의 역사를 상징하는 장소이다. 1856년 조선 철종 재위 시기 왕실 금박 장인으로부터 출발해 국가무형문화재 제119호 금박장 김기호에 이르기까지, 5대에 걸쳐 왕실 장인 가문의 역사를 이어오고 있다. 한복 금박, 궁중 의상 복원, 옻칠과 금박을 이용한 목기, 방짜 유기, 도자 부금 등 다양한 범위의 공예품들을 취급한다. 또한 전통적으로 사용되던 비단 외에도 가죽, 목가구 등 다양한 소재에 전통 금박 공예 기법을 적용하며 전통 금박 공예의 범위를 확장시키는 동시에 세계에 한국의 문화를 알리는 데 기여하고 있다. 작은 전시장과 작업 공간이 함께 운영된다.

주소 서울시 종로구 북촌로12길 24-12
전화 02-730-2067
홈페이지 www.kumbakyeon.com

탈방

1984년부터 인사동에서 운영된 탈방
은 탈의 옛 모습을 손수 재현한 작품
들을 구입할 수 있는 탈 전문 매장이
다. 의식용 탈인 하회탈과 놀이용 탈
인 산대탈을 주로 취급하고 있다. 전
시와 제작이 함께 이루어져 가게에서
주인(정성암)이 직접 탈을 만들고 있
는 모습을 발견할 수 있다. 탈방에서
는 직접 만든 하회탈과 산대탈 외에도
탈과 관련한 여러 액세서리들을 판매
하고 있으며 장승과 기러기도 찾아볼
수 있다. 탈방은 한국의 전통문화와
예술성을 만날 수 있는 인사동의 명소
이다.

주소 서울시 종로구 인사동길 48
전화 02-734-9289
홈페이지 talbang.modoo.at

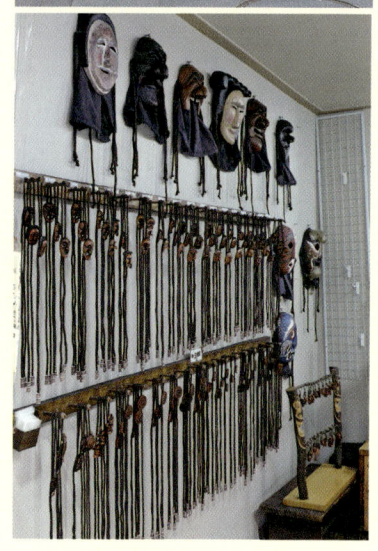

먹 향기 가득했던
어린 시절 인사동의 추억

정문헌 _ 종로구청장

내가 인사동을 누비고 다닌 건 초등학교 3~5학년 때다. 친구 네 명이 늘 몰려다녔는데, 그중 한 명이 인사동에 살았다. 우리는 골목에서 축구도 하고 말뚝박기도 하며 놀았다. 공을 차다가 굴뚝을 무너뜨려 우리 어머니께서 청운동에서 수리비를 내러 오신 적도 있었다.

인사동 사는 친구 생일날에는 이 친구 어머님이 우리들에게 축구화를 사주셨다. 당시 축구화는 아이들에게 최고급 신발이었다. 나이키나 아디다스 같은 브랜드는 이보다 10년도 더 지나 한국에 등장했다. 검은 가죽에 바닥이 우툴두툴한 축구화를 일제히 갖춰 신은 우리 일당은 마치 축구 황제 펠레가 된 듯 기세등등했다. 넘치는 힘으로 큰 길가에서 공을 차다 코너에 있는 가게 유리창을 깨고 말았다. 지금 기억엔 인쇄소였던 것 같다.

이미 굴뚝을 무너뜨린 적이 몇 번 있던 우리로서는 엄마들에게 '가중처벌(?)'받을 걱정이 앞섰다. 축구화를 세상 가장 귀한 물건으로 여기던 우리는 유리값이 이보다 비싸겠냐고 생각했다. 그래서 유리값으로 축구화를 벗어드리면 안 되겠냐고 강력하게 제안했다. 정색을 하고 우리를 꾸중하던 주인아저씨는 그만 실소를 터뜨리고 말았다. 코흘리개들 신발을 받아다가 뭣에 쓴단 말인가. 아저씨와 결론 없는 대화만 지속하다 마침내 축구화를 사주신 친구 어머님이 오셔서 유리값까지 물어주시고 우리는 풀려날 수 있었다.

하는 일마다 뭐 하나씩 해먹던 우리는 마침내 말썽만 부리지 말고 국가를 위한 일도 하기로 결의했다. 그래서 간첩을 잡는 일에 나서기로 했다. 당시는 반공이 강조되던 시기였다. 옥인동 '엉컹크'에 삐라가 많이 떨어진다는 소문을 듣고 가보면 과연 삐라가 있었다. 이를 주워서 파출소에 가져가면 연필을 받아올 수 있었다.

인사동 친구가 동네에 간첩이 잠입했다는 출처 모를 설을 풀어서 간첩을 잡으러 나섰다. 우리는 골목을 돌아다니면서 문 열린 집 안을 들여다보고 빨랫줄에 군복 같은 것이 걸려 있으면 간첩 신고를 해야 되나를 놓고 숙의를 했다. 이게 우리의 간첩 잡기였다. 한 명 잡은 적도 신고한 적도 없지만 그냥 골목골목 돌아다니는 것이 재미있었다. 당시엔 집들이 그냥 문을 열어놓고 살았고 빨랫줄에 걸린 군복만 보고 모르는 집에 불쑥 들어갔다. 우리를 발견한 주인 아주머니가 누구냐고 물으면 간첩이 사는지 확인하러 왔다고 대답했다. 아주머니는 귀엽다며 옥수수를 주시기도 했다.

봉원필방 ⓒ 김수길

이웃집과 이웃사촌이란 말이 무색하지 않게 살던 인사동의 모습이다. 돌아보면 그 시절이 그립다. 말하자면 인사동을 '우리 무리'의 영역 일부로 여기고 돌아다녔던 어린 시절이다. 하지만 유서 깊은 이 동네에서 말썽부리고 놀러만 돌아다닌 건 아니다.

당시 우리 어머니는 붓글씨를 배우던 나를 데리고 가끔 인사동에 붓과 벼루, 먹, 종이 문방사우를 사주러 가셨다. 인사동 문방사우 가게에 들어서면 낯설지 않은 향기가 코에 가득 밀려왔다. 효자동 서예학원에 들어설 때의 먹 향기였다. 먹 향은 늘 향기롭다. 당시 어머니가 사주신 먹의 금빛 점 두 개가 왜 그렇게 폼 났던지….

인사동에는 문방사우점뿐만 아니라 골동품, 표구점 등이 줄지어 늘어서 있었던 기억이 난다. 어렸을 때는 붓글씨 동네로만 알았던, 먹향으로 기억됐던 인사동이다. 시간이 흘러 1990년대 후반부터는 차 향으로 기억되고 있다. 차에 매료된 나는 차 향을 좇아 인사동 곳곳을 다녔다. 그 시절 멋진 그림들도 많이 만났다. 글씨, 그림 등 문화를 즐기다가 지인들과 유쾌한 차담을 나눌 수 있는 곳, 그곳이 바로 인사동이다.

오늘날에는 다양한 장르의 문화들이 융합하여 새로운 장르를 만들어내는 일이 빈번히 일어나고 이에 따라 핫플레이스들이 생겼다가 사라지기도 한다. 하지만 아무리 새로운 장르가 양산됐다 해도 문화 예술인들이 마음의 고향처럼 모여드는 곳은 오랜 세월에 걸친 문화적 깊이를 간직한 곳이다. 예전 서울 시내에는 이런 명성을 지닌 곳들이 몇 군데 있었지만 상업화의 물결에 뒤덮여 더 이상 문화거리의 면모를 찾기 힘든 곳이 많다. 인사동은 이런 지역과 달리 지금도 '고유의 문화거리'라는 정체성을 유지하고 있다.

청와대가 이사 가고 송현동에 '이건희미술관'이 예정되는 등 인사동은 커다란 변화의 계기를 맞고 있다. 우리 고유의 옛 문화가 현대와 미래의 문화까지 융합해 한데 어우러지게 만드는 것, 이것이 종로가, 그리고 인사동이 풀어야 할 숙제다. 전통과 미래가 새롭게 조화를 이루는 인사동의 새 기운을 생각하면 벌써 가슴이 벅차다.

구하산방

1913년 문을 열어 100년이 넘는 역사를 지니고 있는 한반도 최초의 필방이다. 구한말 고종과 순종도 애용했던 장소라고 한다. 고종과 순종도 사용했을 정도로 품질이 좋은 붓을 만드는 필방이라는 뜻의 '고순어용' 역시 구하산방에서 비롯된 단어이다. 이후 이상범, 김관호, 변관식, 김기창 등 한국화의 대가들이 자주 찾는 장소가 되었다. 구하산방은 손님 개개인의 취향을 파악해 붓을 추천해 주는데, 이는 오랜 시간 동안 단골을 모으고 자리를 지킬 수 있었던 구하산방만의 비결이기도 하다.

주소 서울시 종로구 인사동5길 11
전화 02-732-9895
홈페이지 www.koohasanbang.com

명신당필방

3대에 걸쳐 운영되고 있는 필방으로 전각과 서예, 문방사우 등을 판매한다. 외국 국빈이 한국을 방문할 때마다 전통문화 체험을 위해 들르는 인사동 명소로 잘 알려져 있다. 실제로 과거 엘리자베스 영국 여왕과 스페인 국왕 부부가 방문하기도 했다. 명신당필방은 간송 전형필 선생이 운영하던 고서점인 한남서림 터에 자리 잡아 지금까지 명맥을 이어오고 있다.

주소 서울신 종로구 인사동길 34
전화 02-736-2466
홈페이지 myungsindang.co.kr

시간의 노숙자들

정병례 _ 전각작가

전각가라는 허울을 쓰고 이리저리 전전한 지 30여 년, 인사동 변두리에 연구실을 낸 지도 11년이 넘었다. 11년 동안 출퇴근을 하지 않는다. 처음에는 야심한 시각에도 연구실에 불이 켜져 있으니까 술 취한 지인들의 유혹이 잦았다. 전화로 "고암 선생, 여기 누구누구 와 있는데 내려와 봐." 혹은 애교 섞인 목소리로 "맥주 한잔하실래요?" 그러면 나는 두루뭉술하게 "지금 뭐하고 있는데요"라고 대답하곤 했다.

이런 식으로 몇 번 거절을 하자 그런 전화는 없어진 지 오래다. 그때 내가 무엇을 하는지 그들은 알 수 없었을 것이다. 어떤 이는 안 내려오면 쳐들어간다고 협박(?)을 했다. 문 잠겨 있으니 소용없다고 한 후론 끝이다. 이래저래 술 먹고 놀 기회를 많이 놓쳤다. 대신 돌가루와 시간을, 집에도 가지 않고 연구실 구석에서 11년을 삼

어느 기와집 처마 밑 백열등 © 김수길

키는 사이 회갑이 되어버렸다. 이제부터는 덤으로 사는 인생이라는데, 아직도 철들지 않고 꿈만 꾸고 있으니…. 철들긴 영 글렀다.

얼마 전, 불현듯 도약을 위해 구석진 변두리에서 벗어나야겠다는 생각이 들었다. 번화한 인사동 길에 갤러리를 열면서 작업실도 넓혀 이곳(인사동사거리 아래 승동교회 입구)으로 옮겼다. 같은 인사동이라지만 분위기가 영판 다르다. 종로통에서 인사동 입구 삼거리에 자리 잡은 이곳 나의 작업실은 전망 하나는 좋다. 일단 내가 앉은 자리에서 파고다공원 숲이 훤히 보인다. 그 위로 무슨무슨 기업 광고판을 무지무지하게 크게 설치해 파고다 숲과 함께 매일매일 나보다 먼저 일어나 유리창을 밀고 들어온다. 그 아래에는 공원을 뒤로하고 야외무대가 설치되어 있다.

그 앞으로는 인사동 중심 길이다. 이 길을 지나는 행인들의 모습은 시각마다 다른 형태로 눈에 들어온다. 햇살이 비춰지는 각도도 있겠지만 시간에 따라 그들의 걸음걸이가 다르다. 볼일을 보러 가는 사람은 대개 오전에 많고 통통통 발걸음이 분주하다. 그저 구경삼아 나온 사람들은 오후가 되어야 불어나는데 싸드락싸드락 걸음이 한갓지다. 벌써 넉 달이 지났지만 아직도 나는 이 거리를 구경하는 게 신기하고 재밌다. 모두가 흘러가는 강물처럼 다시는 돌아오지 않을 듯 스쳐 지난다.

그중에 흐르지 못하고 나처럼 밤낮으로 인사동을 지키는 사람들이 있다. 그들은 땅바닥에 주저앉아 소주병을 기울인다. 그러다 벌렁 누워 퍼지거나 자기들끼리 말싸움을 하고 손찌검을 일삼지만

승동교회. 조선시대 교회 건물로 서울시 유형문화재이다. © 김수길

이 거리를 떠나지 않고 있다. 아침이 되면 일어나고 저녁이 되면 그 자리에 잠자리를 편다.

그들이 지금은 내게 가장 가까운 이웃인 것 같다. 그들의 안방은 넓고 지붕은 드높은 데 반해 내 숙소는 좁고 천장은 낮다. 그들은 온종일 놀거나 술을 먹고 졸다가 간간이 소릴 지른다. 나는 온종일 돌가루를 마시며 꿈을 새긴다. 하지만 우리는 함께 인사동을 지키는 동지다.

길 건너 승동교회 건물의 유리창에 붉은 놀이 반사되어 눈이 부시다. 해가 지는가 보다. 인사동 공연 광장이 또 시끌벅적하다. 어제는 발라드 가수였고 그제는 통기타 가수였는데 오늘은 누가 나올까. 젊은 친구들 공연 덕분에 나의 레퍼토리가 바뀌게 생겼다. 내 취향이 점점 젊은 세대로 역행하게 되니 철들긴 영 틀렸다. 길가의 노숙자, 가난한 젊은 싱어, 깔깔대며 지나가는 아가씨들, 고암, 모두 모두 철들지 않는 인사동 나그네들이다. 어차피 우리는 세상의 한배를 탄 시간의 노숙자들이 아닌가.

납청놋전

1986년부터 인사동에 터를 잡고 방짜 유기를 판매해왔다. '방짜'란 품질이 좋은 놋쇠를 녹여 부은 후 다시 두드려 만든 그릇을 의미하는 단어이다. 잡금속을 섞어 질이 떨어지는 합금은 '통짜'라고 칭하며 '방짜'만이 질 좋은 합금을 뜻한다. 납청놋전이 판매하는 대부분의 제품들은 1983년 한국 최초로 중요무형문화재 77호 방짜 유기장으로 인정받은 명인 이봉주와, 2015년 대를 이어 중요무형문화재 77호로 지정받은 이형근의 작품이다. 납청놋전의 방짜 유기는 국내 여러 고객들에게 판매되고 있으며 사극 드라마 소품으로 활용되기도 한다. 또한 중국, 일본은 물론 유럽과 북미, 중동 등의 국가들에 판매되기도 한다.

주소 서울시 종로구 인사동10길 5
전화 02-736-5492
홈페이지 www.napcheong.com

나이프갤러리

2001년도에 개관했다. 나이프갤러리는 한국도, 은장도를 비롯하여 세계 유명 도검을 상설 전시함으로써 인사동에 새로운 볼거리를 제공하고, 도검 문화 보급에도 앞장서고 있다. 특히 자회사인 전통 한국도검 제작 업체인 정강원의 고대 복원도검 및 사인검 등과 같은 민속, 무속 관련 도검들의 전시 비중을 점차 높여 우리의 잊혀진 공예 문화의 혼을 되살리고자 한다.

주소 서울시 종로구 인사동9길 7 지하 1층
전화 02-735-4431
홈페이지 www.knifegallery.co.kr

삼보원

종각역에서 조계사로 향하는 길목에 자리한 불교용품 전문점. 삼보원이라는 이름은 불교의 '삼보'에서 따왔다. '세 가지 보물'이라는 뜻의 삼보는 각각 부처와 불법, 중생을 가리킨다. 이들은 불교를 구성하는 필수적 요소로, 이 셋이 모여야만 불교가 존재할 수 있다. 삼보원에서는 염주부터 향과 초, 조각상, 승복에 이르기까지 불교와 관련된 다양한 상품들을 만날 수 있다.

주소 서울시 종로구 우정국로 53
전화 02-732-9904

인사동을 추억하며

서공임 _ 민화작가

나의 살던 고향은 전북 김제 작은 마을이다. 과수원집 딸로 태어나 어린 시절 보고 자랐던 복숭아꽃으로부터 그림에 대한 나의 상상력은 발원하였는지 모르겠다. 유년 시절엔 꽃, 풀벌레, 소나무, 동물들을 그려보며 막연하게 화가의 꿈을 꾸어 왔다면, 인사동은 민화작가로 성장하고 왕성한 작품 활동을 지속할 수 있는 영감의 원천이 된 곳이다.

1979년부터 인사동에 터를 잡고 화랑가와 골동품 가게에서 고서화를 마음껏 감상하고 호흡하면서 인사동에 스미듯 생활해왔다. 평소에 보지 못했던 국내외 다양한 예술 분야는 물론 전통민화를 재현하고 좋은 한지와 안료, 붓, 먹 등 그림 그리기에 좋은 최적의 재료를 찾을 수 있었고, 수많은 시행착오와 실험을 통해 현대 민화의 방향을 찾을 수 있었던 것은 인사동이어서 가능했다.

스페인 왕비와 담소를 나누는 서공임

    인사동은 매주 새로운 예술 작품의 장이 열린다. 매주 수요일 오후 어느 갤러리를 들어가든 새로운 전시회가 시작되어 사람에 대한 경계가 없고, 편안하게 작품 감상과 오프닝 음식을 나누면서 작품을 논하며, 영감을 얻고 새로운 친구를 만날 수 있는 곳이었다.

    1996년 첫 번째 개인전 즈음에 스페인 카를로스 국왕과 소피아 왕비가 인사동을 방문했을 때, 나는 한국 민화의 우수성에 대해 설명하며, 내 작품을 소개하고 담소를 나눌 수 있는 기회가 있었다. 그리고 세월이 흘러 2016년 주스페인 한국문화원에서 초대 개인전을 하면서 국왕 내외분과 함께 찍은 사진을 현지인들에게 보여주고 부러움을 사기도 했다.

이렇듯 인사동은 내게 많은 기회와 희망을 주고 미래를 꿈꿀 수 있었던 곳이었다. 내 기억 속 인사동은 직업과 관련된 분야가 아니더라도 사람 냄새 물씬 나는 따뜻한 곳이기도 했다. 한정식집, 생태탕집, 주점, 전통찻집 등 다양한 먹을거리, 또한 입이 즐거운 곳이었다. 인사동의 골목들은 작품 활동으로 지친 일상을 보듬어주는 분위기와 맛과 따뜻함이 있을 뿐 아니라 작가들의 토론장이요, 사교장이면서 마음의 위안이 되는 곳이었다. 지금 생각해도 다정한 많은 얼굴들과 지금은 현대화되어 없어진 작은 골목들까지 생생하게 주마등처럼 스쳐 지나간다.

2006년 정들었던 인사동을 떠나 서촌에 작업실이 있지만 인생의 절반을 인사동에서 지내온 터라 지금도 인사동은 생각만 해도 가슴 설레고 고향 같은 곳이다. 인사동은 작가로서의 꿈을 실현시켜준 곳이며, 활동하면서 힘들고 지칠 때 위안이 되는 포근한 마음의 고향이다.

운경표구사

운경표구사를 운영하는 김용신 대표는 20여 명에 지나지 않는 문화재 보전 보수 수복 기능자 중 한 명이다. 1977년부터 간판을 걸고 지금까지 40년 넘게 표구 일을 하며 각종 문화재를 보전하고 보수해 왔다. 운경표구사는 문화재를 복원하고 고서화를 보존하는 것은 물론 개인전, 회원전, 그룹전 등에 사용되는 각종 전시회 액자를 전문적으로 만든다. 역대 일본 왕의 초상화를 보존 처리하기도 했다.

주소 서울 종로구 인사동길 41
전화 02-733-2897

낙원표구사

1966년 문을 연 낙원표구사는 전통 방식의 장황을 지켜가고 있는 고서화 전문 표구사이다. 전통 표구를 지키고 이어나가기 위해 노력하는 낙원표구사는 수많은 지류 문화재 복원에 참여해왔다. 또한 전문 장황을 보존, 복원 및 유지하는 데 기여하고, 사라져가고 있는 시전지, 시축, 한장본 등 지류 문화를 보급하는 데도 앞장서고 있다. 연암 박지원, 추사 김정희, 석파 이하응 등이 편지와 시를 썼던 문화재급 시전지를 수집한 것이 대표적이다.

주소 서울시 종로구 삼일대로 443
전화 02-734-2972
홈페이지 nakwonpyogu.modoo.at

정일표구사

정일표구사는 60여 년이 넘는 시간 동안 전통 표구일을 지키고 이어오고 있다. 김권영 대표는 서화를 액자나 족자 등에 보관하는 표구일 뿐만 아니라 고미술품을 복원하고 수리하는 장인으로, '배첩장'이라는 칭호를 받기도 했다. 정일표구사는 고서화, 병풍, 서첩, 표갑제책 등을 전문으로 표구를 제작한다.

주소 서울시 종로구 인사동길 31
전화 02-735-8873

숨어 있는
전시장을 찾는 즐거움

남궁옥분 _ 가수. 화가

나~ 노래하는 사람 남궁옥분!

노래만큼이나 인사동을 사랑한다.

어릴 적 한옥에서 십수 년을 살아온 때문인지는 모르겠지만 번듯한 건물들이 즐비한 큰길임에도 골목 안으로 들어가 변하지 않은 옛 모습을 그대로 안고 있는 풍경을 만나면 언제나 고향에 온 듯한 느낌이 든다. 변해만 가는 세상에서 잠시 옛 정취에 빠질 수 있게 해주는 인사동이 그래서 좋다.

우리의 것을 지켜내려는 모습들이 살아 있는 인사동! 수시로 찾아가 그냥 아무것도 하지 않고 거기에 있는 것만으로도 행복하다. 인사동에 가게 되면 비교적 우리의 전통을 이어가는 전통가옥의 흔적이 남아 있는 곳을 찾아 식사를 하려 애쓰고 언제 사라질지 모르는 우리 것이 남아 있는 곳을 카메라에 담아 온다. '열림필방'에

남궁옥분

서 먹과 붓과 화선지 등을 사 들고 수다 떨고 소박한 천상병 시인의 '귀천'을 찾아가 따뜻한 찻잔으로 그분의 온기를 느끼며 쉬곤 한다.

크고 작은 숨어 있는 전시장을 찾아 행복한 그림들을 만나는 일은 인사동 최고의 즐거움이 아닐까 싶다. 최고의 작가와 신진작가들의 전시회가 끊임없이 이어지는 곳. 그런 인사동이기에 늘 살아 있어 좋다. 보는 것만으로도 힐링이고 행복이다.

노래하는 일을 오래하다 보니 그림을 누구 앞에 내걸 실력이 아님에도 불구하고 예술인들만의 기획전시를 시작으로 여기저기 전시회를 기웃거린 지도 15년이 넘은 듯싶다. 그렇게 멀게만 느껴지던 내 그림을 인사동 화랑에 처음 올리던 날은 잊을 수가 없다. 가요Top10에서 '사랑 사랑 누가 말했나'로 1위 트로피를 받아 들었을 때보다 몇 배의 기쁨이었다. 그렇게 나는 자랑스럽게 인사동 아라아트센터, 인사아트프라자 등에 초대전을 수십 번 해본 이력이 있는 제법 전시회 경력이 화려한 화가(?)이다.

　고미술품이 가득하던 예전의 모습들은 오늘날 너무 상업적으로 변해버려 아쉬움이 많은 인사동. 요즘 국적 없는 기념품들이 즐비한 상가들을 지날 때면 눈을 감고 싶은 마음에 걸음이 빨라진다. 그럼에도 사랑할 수밖에 없는 인사동은 우리의 전통을 지키려는 사람들이 있기에 그 뿌리는 결코 퇴색되지 않을 거라는 생각이다. 어느날 인사동 길에 외국산이 전부 물러가고 인사동 전체가 우리의 것으로 채워지는 날, 동료들을 모아 축제를 열어 춤이라도 추어 보련다.

　어제도 다녀온 인사동!

　거기에 있는 한, 내 영원히 사랑하리라!

전통문화의 거리 인사동에서 오랫동안 자리를 지켜온 광화문한의원 ⓒ 김수길

130년도 더 된 고택을 그대로 살린 신옛찻집 ⓒ 김수길

국제자수원

국제자수원은 1979년 자수 명인인 옥당 장옥임 선생이 설립했다. 인사동에 총 세 개의 매장을 두고 있는데, 각 매장에서는 한국의 전통적 아름다움이 느껴지는 제품들을 만날 수 있다. 동양자수, 병풍, 이층장, 화초장, 약장, 고급 자수 액자, 경대, 보석함 등이 있다. 미국 대통령과 독일 총리의 방한을 기념하기 위한 물품들을 제작한 바 있다. 지난 2009년에는 일본 총리 내외가 직접 방문해 기념품을 구입하기도 했다. 국제자수원은 고대의 우수한 문화유산과 전통문화의 정신을 바탕으로 현대와 조화를 이루며 살아가고자 한다.

주소 서울시 종로구 인사동7길 12
전화 02-732-0937
홈페이지 www.kjasuwon.com

동예헌

1977년 처음 문을 연 동예헌은 40년 넘게 이어져오고 있는 종합 고미술 전시장이다. 각종 도자기와 민속품, 고가구 및 서화 작품 등을 선보인다. 2007년을 시작으로 고미술 경매전을 개최해 오기도 했다. 1980년부터 미도파백화점에서 한국고미술품 종합전을 개최하는 등 매년 수준 높은 문화재 전시를 해오고 있다.

주소 서울시 종로구 인사동10길 26
전화 02-730-5550

화선지를 홍두깨로
다듬어 쓰셨다고

유필근 _ 화가, 수필가

　　인사동은 한국 문화가 숨 쉬는 곳, 문화의 성지 같은 곳이다. 화가들은 대부분 일주일 단위로 전시를 한다. 수요일에 오픈하고 다음 주 화요일에 작품을 걷는다. 그래서 수요일 오후가 되면 인사동은 살아 움직인다. 작품을 실은 차들이 오고 울긋불긋한 축하 화환이나 꽃다발도 따라오고 축하 손님도 모인다. 이렇게 인사동의 수요일에는 한 주의 축하 모임이 시작된다. 곱게 차려입은 손님들의 모습은 즐겁게 보이며 새로운 볼거리로 문화가 충만된 모습에 당당함이 엿보인다.

　　인사동은 목요일에 나가야 전시 작품을 찬찬히 볼 수 있다. 수요일의 오픈에 들떠 있던 기분이 가라앉고 차분한 미음으로 작품을 감상할 수 있는 것이다. 혼자서 사색을 하면서 조용히 즐길 수 있다. 덤으로 작가에게 직접 작품 설명을 들을 수 있는 기회도 생긴다.

194

유필근 작

　나는 개인적으로 경인미술관을 좋아한다. 거기에는 600여 평의 넓은 대지에 1·2·3 아트리에, 5·6관의 전시관이 있고 정원이 있다. 또 전통 다원이 고풍스러운 한옥에서 우리의 전통차 맛을 우린다. 고즈넉한 정원을 바라본다. 동서양화, 조각, 섬유 예술, 퀼트…. 6개의 전시관을 천천히 감상하고 전통 다원에 앉아 오미자차 한 잔을 시켜 놓고 상념에 젖어본다.

　경인미술관은 구한말 실학 운동가 박영효(1861~1939)가 한때 살던 집이다. 박영효는 철종의 딸 영혜 옹주와 결혼하여 부마가 되었는데 옹주가 결혼 3개월 만에 병사했다고 한다. 박영효 하면 일본 수신사로 갈 때 배 안에서 사괘를 바탕으로 태극기를 그렸다는 얘기로 유명한데, 고종이 국기의 필요성을 느껴 제작하고 박영효가 배 안에서 그렸다고 한다.

아직도 인사동 곳곳에 보이는 오래된 집 ⓒ 김수길

　박영효 후처의 동생과 내 모친의 혼삿말이 오고 갔다는데, 내 큰 외삼촌이 후처의 동생이라고 적극 반대하셨다는 말을 들었다. 내 큰삼촌 김유근은 기인이시다. 동생들 교육을 위해서 전라도에서 화선지를 마차로 사다가 홍두깨로 반들반들 다시 다듬어 쓰게 하셨다 한다. 형제자매에게 장안에 유명한 독선생을 모셔다가 한학과 붓글씨를 가르치셨다 한다. 어머니의 고모가 세 분, 형제자매가 팔 남매이니 화선지가 많이 필요했다고 생각한다.

　나는 어렸을 때 학교 가기를 싫어했다. 노는 데 정신이 빠져 숙제를 하지 않았고 아침에 등교할 때쯤 학교 가기 싫다고 떼를 쓰면 어머니는 나를 앞세워 학교 가기를 재촉하셨다. 이제 80여 년이 지난 후인데 동네 할머니가 '할머니가 그 학교 가기 싫다고 떼를 쓰던

아가씨'냐고 묻는다. 어머니는 매채를 치마폭에 감추시고 내가 앞으로 가면 걸음을 멈추시고, 뒤를 돌아보고 가지 않으려 하면 치마폭에서 매채를 살짝 꺼내 보이면서 재촉하셨다. 어머니의 매채 얘기를 듣고 웃었다.

초등학교 1학년 때 일이다. 교실 뒤편에 가지 그림이 붙어 있었다. 나는 그 가지 그림을 피해 다녔다. 어머니가 그려주신 그림이어서 양심에 부끄러웠기 때문이다. 그 가지 그림은 내 이름이 쓰여 있는 어머니의 그림이었던 것이다. 그 후로 나는 그림을 열심히 그렸다. 반에서 제일 그림을 잘 그렸다는 말을 들을 때까지 남보다 더 노력했다. 덕택에 나는 화가가 되었다. 내가 지금 문학 하는 화가다.

전주지업사

1963년 문을 연 전주지업사는 한국 최초로 서화 용지, 표구 재료, 특수 한지를 판매한 전문점이다. 개업 당시에는 두 가지 화선지만을 판매했으나 지속적인 연구 개발 과정을 거쳐 현재는 100여 종의 한지와 화선지를 판매하고 있다.

주소 서울시 종로구 우정국로 52
전화 0507-1407-8359
홈페이지 www.jeonjupaper.co.kr

단청

선조들의 의식주에 사용되었던 여러 유물들을 전시하고 판매하는 고미술 전문점이다. 과거 '보내며 맞이하며'전을 통해 죽제 필통, 표주박, 주칠 원형반 등 선인들의 손때가 묻은 고미술품 200여 점을 전시하기도 했다. 단청은 고미술품이 간직한 멋과 아름다움을 느낄 수 있는 사랑방 공간으로 자리하고자 한다.

주소 서울시 종로구 인사동10길 7
전화 02-730-4455
홈페이지 danchungg.modoo.at

관고재(觀古齋)

3대를 이어 한국 전통문화를 보존하고 그 가치를 이어 온 화랑이다. 도자기와 목가구, 고서, 동양화와 서양화를 비롯해 여러 종류의 미술품들을 다루고 있다. 관고재는 고미술품의 수집을 넘어 작품 감정, 미술품 투자 등 미술 시장과 관련한 여러 업무들을 수행하며 한국 미술 시장을 성장시키는 데 일조했다. 민족문화를 보존하고 계승한다는 사명 아래 새로운 미래 가치를 이끌어 나가고자 한다.

주소 서울시 종로구 인사동10길 28-14
전화 02-733-3326
홈페이지 gwangojae.com
인스타그램 @gwangojae_gallery

우리나라 고미술품의
위상을 높이려면

홍선호 _ 관고재 화랑 대표, 한국전통미술융합진흥원 회장

인사동은 근대유산, 고미술품 등이 모여 있어 현대 도심에서 전통의 정취를 느낄 수 있는 '전통'을 대표하는 문화거리다. 2002년 한국 최초의 전통문화 특화지역으로 선정되어 서울의 대표적인 문화관광지로 각광받고 있다. 그러나 요즘 인사동은 기념품과 의류 가게가 많이 들어서면서 전통문화의 거리로서의 입지가 약화되었다.

이런 어려운 상황 속에서도 '이우회(二友會)'라는 이름으로 고미술 화랑과 갤러리, 옥션을 운영하는 2세들이 나서기 시작했다. 이우회는 2017년 7월에 첫 전시회를 시작으로 매년 전시회를 열고 있다. 1세대에서 2세대로 이어져 오면서 눈에 띄는 특징 중의 하나는 2세대들 중 미술사학을 전공한 이들이 많다는 점이다. 1세대들은 주로 서울 근교 또는 지방에서 나오는 작품을 가지고 경험에 의한 사업을 했다면, 2세대들은 부모님으로부터 받은 현장의 간접적 경

험과 경력, 그리고 미술사학을 바탕으로 한 이론까지 두루 섭렵하고 있다. 이들은 앞으로 더욱더 전문적이고 체계적인 경영을 해나 갈 것이다.

반면 고미술 화랑의 어두운 단면도 있다. 문화재 보호를 목적으로 행해지는 해외 반출 및 수출의 어려움이다. 우리나라는 외세의 침략을 겪는 과정에서 문화재 약탈의 아픈 기억을 지니고 있어 문화재 반출 및 수출에 대해 매우 엄격한 편이다. 그러나 앞으로 현실에 부합된 합리적인 문화재보호법으로 개정하여 해외에 우리 문화재의 우수성을 홍보하고 활용하는 데 일조할 수 있는 양지의 환경을 조성할 필요가 있다고 생각한다.

지금과 같은 엄격한 문화재보호법이 작금의 현실에 맞는 것일까? 또한 지금 우리나라 문화재의 경제적 가치가 세계 몇 위를 차지하고 있을까? 우리나라의 문화재의 아름다움을 세계에서 얼마나 알고 있을까?

최근 성황리에 마친 2022년 한국국제아트페어(KIAF)를 보면 미술품에 대한 국제적 위상을 깨닫게 된다. 그런데 우리나라 고미술품은 시대를 역행하고 있다. 현대 미술품이 비싼 것은 몇십억에서 몇백억을 상회하는데, 고미술품 중 이 정도의 가격을 상회하는 작품이 있을까?

소위 국가지정문화재라고 일컫는 작품들이 지금 미술 시장에서 얼마에 거래가 되고 있을까? 2022년 1월 28일, K옥션에서 국보가 1점도 아닌 2점이 40억 대에 나왔지만 모두 유찰되었다. 우리나라 문화재가 다른 나라의 문화재에 비해 경쟁력이 점점 떨어지고 가격이 하락하고 있는데 도대체 우리는 무엇을 지키고 있는 것이며, 무엇을 보호해야 한다는 것인가? 이것이 바로 우리나라의 고미술품의 현주소이다.

그러므로 합리적인 문화재보호법의 규제 완화와 개선은 미술시장의 활성화와 국외 소장 미술품의 국제적 유입을 기대할 수 있게 한다. 나아가 이를 통해 국가적 차원에서 문화재 관리 및 보존 방면의 성과가 나타날 것이며, 국가적 이익 또한 커질 것이다.

인사동 건너에 위치한 운현궁의 봄과 겨울 ⓒ 김수길

운현궁 양관. 1910년대에 건립된 프렌치 르네상스 양식으로 흥선 대원군 손자인 이준의 서양식 저택이었다. 드라마 <도깨비> 촬영지이기도 하다. ⓒ 김수길

시간이
쌓이는 공간,
카페

나를 길러준 요람,
인사동

최일순 _ 연극배우, 푸른별주막 대표

1987년! 민주화의 열망으로 명동과 나라가 들끓던 때였다. 당시 나는 종로에 있는 한 레스토랑에서 지금으로 말하면 '알바'인 바텐더로 일하며 간간이 디제이 부스에서 음악을 틀어주는 일을 했다. 그때 거리에서 받은 시국선언문 한 장을 백 평 넘던 가게 안은 물론이고 종로통에도 들리도록 바깥 스피커까지 켜놓고 낭독했다가 임금도 못 받고 사장에게 싸다구 한 대 맞고 쫓겨났다.

당시 주머니 안에는 천 원짜리 한 장과 〈품바〉 연극 티켓 한 장이 있었다. 갈 곳이 없어진 나는 그 티켓으로 연극을 보고, 안 된다는 걸 졸라서 쉬는 시간에 극장 안에서 비비적거리며 연습도 지켜보고 저녁 공연까지 보고서야 갈 곳 모르는 밤거리로 나섰다. 그때 뵀던 분이 당시 3대 품바로 날리던 박동과 형과 작가이자 고수였던 김시라 선생이었다.

고미술품 가게 © 김수길

    몇 달간의 우여곡절 끝에 반월 사는 중학교 친구에게 얹혀 지내며, 영등포 일대의 조폭들에게서 배운 '불쑈'로 밤무대를 전전하기도 했다. 그러다가 그해 7월 명동에 위치한 '삼일로 창고극장'에 입단하여 '더 이상 참을 수 없어'라는 대사로 시작하는 노건축가 역을 맡아 워크숍 공연을 하였다. 첫 무대 공연을 마친 나는 함께 시작한 친구의 손에 이끌려 종로 건너편의 인사동을 찾게 되었다. 그때 내 나이 스무 살이었다.

    고미술품 가게들이 줄지어진 거리를 걸어 어느 작은 찻집에 들어섰을 때, 두 평 남짓의 찻집 안은 담배 연기와 사람들의 소음으로 왁자했다. 친구는 어느 기이한 할아버지에게로 나를 끌고 가서 인사를 시켰다. 그곳에는 온통 기이한 사람들로 넘쳐났다. 친구는 찻집 주인인 목 여사께도 나를 소개시켜 줬지만 그 괴이한 분위기와 왁자함에 나는 5분을 채 못 있고 나오게 되었다.

그리고 얼마 후 천상병 시인의 시집 한 권을 읽은 다음 홀로 찾집을 찾았다. 당시는 포스터 붙이는 일을 하며 하루 작업비 1,000원으로 350원짜리 스카치테이프와 버스 토큰을 사고 남은 돈으로 라면 하나를 사 나눠서 끓여 먹던 시절이었다. 그날도 역시나 괴이한 어른들로 와자한 분위기였으나 목 여사께 양해를 구하고 찻값이 없어 차 한 잔 시키지 못하고 가장 안쪽 구석자리에 끼어 앉았다. 그 자리에서 나는 책꽂이에 꽂혀 있던 시인의 시집을 모두 읽었다. 시집을 읽고 있었다 해도 사실 나의 눈과 귀는 열심히 그 괴이한 어른들을 탐색하고 있었다.

꽉 찬 담배 연기가 공연장 스모그처럼 퍼져 있는 실내에는 LP판이 올라 있는 오디오에서 클래식 음악이 쉬지 않고 흘러나왔다. 칸막이 역할을 하던 반닫이를 비롯한 고가구 몇 개와 나무 테이블 네 개 정도가 놓여 있는 좁은 실내. 가장 안쪽 테이블에서 고개를 이따금씩 갸우뚱거리시며 바둑을 두고 계시던 박이엽 선생님과 민병산 선생, 그리고 그 곁에 앉아 훈수를 두고 계시던 몇 사람들.

문을 열면 보이는 책장 앞의 첫 자리에는 다리를 꼬고 앉아 쉴 새 없이 코를 후비적거리시며 (코를 후비적거리시다가 나온 콧물은 바지에 닦으시거나 마른 코딱지들은 그냥 방향에 상관없이 튕겨 날리셨다.) 너털웃음을 날리시던 천상병 선생, 그리고 그 옆에 언제나 앉아 있던, 인사동을 들락거리던 몇 명의 누이들!

맞은편 테이블에서는 기차 화통 같은 목소리로 열강을 하시던 석운 윤병하 선생이 계셨다. 선생은 긴 머리에 화가 모자, 본인이

깎으신 탈 목걸이들을 주렁주렁 거시고 짚신까지도 여러 컬레를 낡디 낡은 바랑에 달고서는 우리 가락과 장단에 대해 늘 가지고 다니는 꽹과리 채로 손바닥 연주를 곁들이며 설법처럼 강의를 하셨다.

그 어른들 곁으로 엉덩이를 반쪽만 붙이고서도 참으로 진지하게들 이야기를 듣는 누이, 형들! 그중의 한 형은 30분마다 LP판을 물에 적신 소청 손수건으로 닦아가며 갈아 걸고 있었다. 문을 열면 오른쪽으로 칸막이 안쪽에 주방이 있고 바텐더 테이블 위 가스레인지에서는 계절에 상관없이 도자기 찻잔들이 가지런히 쟁여져 물속에서 끓고 있었다.

이렇게 인사동에 첫발을 딛게 된 후 거진 하루도 빼놓지 않고 인사동 거리와 '귀천'을 찾았다. 어느덧 찻값을 내지 않아도 늘 차를 마시게 되었으며 간간이 차 나르는 일까지 돕게 되었다. 이 무렵 간경화를 앓고 계시던 천상병 선생이 병세 악화로 춘천의료원에 입원치료를 하시게 되어 목 여사는 종종 자리를 비우셨다. 그 자리를 지금의 '귀천'을 운영하고 있는 조카 영선 누나와 노광래 형이 돌아가며 지켰었다. 이후 목 여사가 계실 때면 난 언제나 시간을 내어 찾아가 내가 쓸 수 있는 시간만큼 찻집에서 보내며 일을 도왔다.

그리고 한참을 지나 천상병 선생은 퇴원하셨고 요일을 정해 인사동 출타를 하시곤 했다. 그럴 때면 노광래 형이 늘 수족처럼 함께 다니며 수발을 들었다. 그리고 형이 없을 때면 내가 그 역할을 대신하여 자연스럽게 '인사동 막내'로 자리매김하게 되었다. 선생을 모시고 함께 다니며 참으로 많은 문인들을 만났다.

선생은 나의 무식이 탐탁지 않으셨는지 "요놈! 무식한 놈아! 많이 알아야 한다" 하시며 일본어를 가르쳐 주시겠다며 매주 무슨 요일에는 집으로 공부하러 오라고 하셨다.

또 하루는 인사동 거리를 걷다가 리어카 서점에서 책을 보시던 선생이 책 한 권을 슬쩍 윗옷 속으로 집어넣고 나오시더니 멀찍히 떨어져 나에게 건네주시며 "니가 너무 무식한 것 같으니 이거라도 읽어라"고 하셨다. 이때 리어카 상인은 이미 시인을 알고 있었으며, 우리의 어설픈 도둑질을 보고 있었다. 물론 뒤로 돌아가 내가 책값을 지불했다.

어느 어버이날 아침! 수락산 밑, 시인의 집에 카네이션 세 송이를 들고 찾아갔다. 할머니, 목 여사, 마지막으로 시인의 가슴에 꽃을 달아 드리자 시인은 말하셨다. "나는 자식이 없는데…." 이렇게 나는 두 분의 아들이 되었다.

나는 매일같이 인사동을 들락거리며 성장했다. 당시 시국과 관련되어 '삼일로 창고극장'을 그만두고 '공간사랑'으로 옮겨와 임시 극장장 같은 역할을 하며 수많은 예인들을 만났다. 인사동에 사무실을 두고 계셨던 민속학자이자 1인극 배우이기도 하셨던 심우성 선생의 사무실을 들락거리며 말씀을 듣고, 서재의 책들을 읽다가 종내에는 그 문하에 들어가 제자가 되어 함께 공연을 하러 다녔다. 선생은 책은 얼마든지 꺼내 읽어도 좋다고 하셨으나 읽은 후에 그 책이 제자리에 꽂혀 있지 않으면 불같이 야단을 치셨다. 그 많은 장서의 순서를 하나의 오차도 없이 외우시는 선생이 뜨악하다 못해 신비스럽기까지 했었다.

인사동에서 만난 '기인', '예인'들 이야기를 좀 하자면 이렇다. 먼저 "나는 걸레 올시다"라고 자칭하시며 대걸레를 날리며 그림을 그리시던 중광 스님! 요즘 같으면 상상도 못할 일이겠지만 "내가 없는 구멍을 만들어 팠냐!?"라고 일갈하시던 스님은 자리에 앉으시면 곧잘 화선지를 펼치고서 그림을 그려 주변 사람들에게 주시곤 하셨다.

우리 시대의 철인이셨던 민병산 선생 역시 자리에 앉으시면 화선지를 펼치고서 글씨를 쓰셔서 주변에 쪼록 앉아 있던 누나들에게 주었다. 또 기인으로 빠지지 않을, 시대의 마지막 '마부' 출신의 현암 채규일 선생도 쌀알에 반야심경을 조각칼로 새기시는 내공으로 그림을 그려 사람들에게 나누어 주셨다. 인사동 길가에 앉아 색소폰을 불고 사찰 무술인 봉술을 펼치시던 원광 스님. 또 얼마 전 타계하신, 우리 시대의 어른으로 알려진 채현국 선생께서는 화통하게

봉술 무술을 펼치던 원광 스님 © 조문호

웃으며 불쑥 나타나서선 돈이 좀 생겼노라며 안주머니에서 돈다발
을 꺼내 술집에 앉아 있던 후배 예술가들에게 골고루 나눠 주셨다.

　이외에도 일일이 열거할 수 없을 만큼 수많은 기이한 예인들로
인사동은 바깥세상과는 다른 별유천지였다. 인사동은 어찌 표현하
자면 '사회주의적 해방구'가 아닐 수 없었다. '니 것, 내 것'이 따로 없
는 인사동에서는 밤이면 뭉치는 술집들이 몇 군데 있었다. 해거름
즈음부터 사람들이 모여들었다. 대개가 당시 30대로 젊었던 예술가
형들이었다. 난 그런 형들을 좋아라 하며 잘 따랐다.

　'우주'만 그리던 화가 강용대 형. 난 형으로부터 세계관과 여행
을 배웠다 해도 과언이 아니다. 달라이라마가 누군지도 잘 모르던

강용대와 친구들 ⓒ 조문호

때 나에게 달라이라마를 접견한 이야기를 해주었고, 인도와 세계
여행 이야기를 해주었다. 그런 형이 내가 대학에 진학한 후, 당시
뉴욕에서 활동하던 장두이 선생에게로 연극을 배우러 간다고 하자
새벽 2시가 넘어 청진동 해장국집으로 나를 불러 해장국을 사주며
봉투 하나를 건네주었다. 봉투 안에는 놀랍게도 당시로서는 큰돈인
20만 원이 들어 있었다. 천 원 한 장도 아껴 쓰고, 술값은 늘 본인이
마신 일이천 원을 내던 형이었다.

그리고 당시 매주 수요일이면 인사동 초입 장승 아래에 본인이
만든 옹기들을 펼쳐두고서 전시와 판매를 하던 도예가 김용문 형!
난 학비를 빙자한 생활비를 벌기 위해 방학 동안 형의 경기도 광주
에 있던 도자기 가마에 '문하생'으로 들어갔다. 문하생이라 나 스스
로 칭함은 수요일이면 당시 '너구리 가마'인 장작 가마에 첫 불을 지
펴두고서 인사동으로 가선 술에 취해 돌아오지 못하면 어쩔 수 없
이 내가 불을 올리고, 유약이 녹으면 옆면 창을 열어 창불까지 때야

했기 때문이다. 내가 불을 지피며 관리했던 굴뚝의 숫자가 어느날 세어보니 11개였다.

후에 김용문 형과 함께 캐나다로 떠난 일은 용문 형에게도 나에게도 커다란 변화를 가져다주었다. 캐나다에서 도자기 예인들을 만난 형은 '세계 막사발 축제'를 만들었으며, 내가 보기엔 화려함의 극치, 도자기의 절정인 터키(튀르키예)의 한 대학에서 종신 교수가 되었다. 난 그 여행을 계기로 철마다 외국을 나가며 여행자로서의 삶 또한 하나둘 배워갔다.

골목 어귀에는 우리가 '주모'라고 불렀던 수연 엄마가 운영하는 '주막집'이 있었다. 거진 하루를 빼지 않고 그곳에 모여든 사람들은 종내에는 테이블을 가리지 않고 합쳐졌으며 문 닫을 시간이 되면 십시일반으로 돈을 냈고, 돈이 없는 사람들은 그냥 먹었다. 술값은 주로 돈이 좀 되는 예술을 하는 용문 형 같은 사람과 당시의 한국일보 사진기자였던 김종구 형, 그리고 예술가이기도 한 몇몇 일간지 기자들 등이 냈다. 늘 그날의 물주는 있었다.

어쩌다 술집에서 만날 때면 늘 모든 테이블의 술값을 내주던 '아라아트' 회장이셨던 김명성 형도 있다. 형은 늦은 시간이 되면 가난한 예술가들에게 택시비로 몇만 원씩 건네주기도 했다. 난 거의 매일 주막집을 찾았어도 '인사동 막내'라 술값을 낼 일은 없었다. 또 당시에 내가 늘 작업실로 뛰어올라가 어떻게 살아야 할지를 의논했던 조각가 신명덕 형도….

인사동은 블랙이든 화이트든, 색깔을 말할 수 없는 '홀!'이었다.

김종국과 10인 © 조문호   전유성, 김명성, 이목일 © 조문호

날마다 새로운 뉴스와 에피소드가 끊어지지 않던 거리. 어느 날 리어카를 끌고서 남쪽 통영에서부턴가 올라온 고물상 사내가 '귀천'으로 찾아와 지금까지 노숙자로 지내는가 하면, 삼천리자전거를 타고 역시나 남쪽 어디에선가부터 올라와 지금까지도 인사동과 광화문, 경복궁 인근에서 엿장수를 하고 있는 어느 '공'도 있었다. 그리고 송광사에서 출가했던 스님으로 메들리로 노래를 30곡 이상 뽑아 대던 일명 '까딱이' 형이 노숙자가 되어 거리에서 마주쳐 담배 한 개비와 천 원을 요구하면 우리는 말없이 내어주었다.

　인사동에 한번 발 들이면 일상 세계로의 귀환은 불가했다. 인사동은 불과 수백 미터에 불과한 짧은 거리의 동네였지만, 예인들을 바탕으로 어찌어찌 흘러들어온 사람들까지도 기인으로 만들고, 어떤 모습의 사람일지라도 품어버리는 신묘한, 우주의 도처에 숨어 있는 '홀' 같은 거리였다.

오랜 시간 자리를 지켜온 만리장성, 옥정, 김치찌개집 ⓒ 김수길

삶이 그림 맞추기라고 한다면, 내 삶의 모든 퍼즐은 '인사동'과 '귀천'이 들어가야 아귀가 맞아떨어진다. 인사동에서 세상을 배우고, 인사동에서 사랑을 하고, 인사동에서 아이를 만나고, 인사동에서 행복했고, 인사동에서 슬펐다.

밀레니엄 이후 세계를 터벅거리며 떠돌다가 다시 인사동으로 돌아오니, 내가 알던 인사동은 갈 곳을 잃고 있었다. 인사동의 구심점은 뭐니 해도 '공간'이다. '귀천' 같은 어른들이 계시던 낮의 공간! 그리고 밤이면 '불나방?'처럼 모여들던 정감 있는 허름한 주막이 그것인데, 인사동은 모든 것이 깔끔해졌다. 오가는 사람들은 많아지고 세계적 명소는 된 듯하지만, 그 안에 웅크리고 살던 속칭 '인사동 사람들'이 갈 곳은 없었다.

갈 곳 잃은 인사동의 사람들은 뿔뿔이 흩어져 여기저기 삼삼오오 따로 놀고 있었다. 그런 와중에 후미진 골목 한쪽을 지키고 있던 '주막'집의 수연 엄마가 다시 돌아와 '유진식당'이라는 간판을 걸고 웅크리고 계셨다. 유독 그리움이 많아 '그런 공간이 아쉽다'라고 말하던 참에 골목 끝에 위치한 액자집으로 쓰던 '백년한옥'이 나왔다는 얘길 들었다. 주막집 수연 엄마의 활약으로 어찌어찌 그 집을 계약하고, 그 옛날 인사동 사람들이 웃고 울던 '주막'을 흉내내어 '푸른별주막'을 만들었다.

돈이 없었으니 인테리어는 없고, 나는 당연히 옛날의 낡은 그것들을 살리고자 했으니 다른 새로운 것들은 필요 없었다. 산촌 이웃 형들의 도움으로 초배지를 깨끗이 바르고, 한옥 기둥 끝 빛 바랜 페인트를 다시 칠하고, 연극·영화·전시 포스터들로 벽면을 채웠다. 많은 사람들이 좋아했지만, 누구보다도 반기고 좋아했던 분들은 '귀천'의 목 여사와 심우성 선생이셨다.

목 여사는 "니가 이걸 어떻게 감당하려고…"라는 염려로 응원하셨으며, 스승이신 심우성 선생께서는 손수 만들고 구해오신 오방색 넋전들을 여기저기 달아주시곤 개업식 축사까지를 쓰고 읽으시며 말씀하셨다.

"내가 여태까지 살면서 술집 개업식에 이런 글을 쓰고 축사까지 한 적은 없었다."

'푸른별주막'은 이런 나에게, 그동안의 단절되었던 관계들을 다시 이어주는 소중한 매개체가 되어 주었다. 함께 작업했던 선후배

푸른별주막 © 김수길

들을 다시 만나고, 어린 날부터 따르던 인사동 형들을 다시 만났고, 뵙고 싶은 선생님들을 다시 만났다. 어느 지나가는 하루도 만남이 빠지지 않는 인사동에서 난 행복했으며, 배우로서 다시 시작해 볼 꿈도 꾸었다.

난 새로운 꿈으로 언제나 초심을 외치며 새로이 뛸 준비를 한다. 한잔 막걸리를 걸치면 늘 노래한다. '이제 다시 시~작이다.'

소중한 공간, 인사동! 나를 인큐베이팅해 준 인사동에 진심으로 감사드리며 영원한 사랑을 보낸다. '세상 소풍' 마치시고 하늘로 돌아가신 모든 선생님들에게 엎드려 큰절 올리며 감사드린다. '뵐 수 있어서 너무 감사하였고, 잠시나마 세상 속에서 함께여서 행복했습니다.' 이제 새로운 세대 교체를 하고 있는 인사동! 먼저 가신 선생님들과 이젠 어른이 되신 지금의 형들처럼, 나도 그분들을 닮는 '형'이 될 수 있기를 진심 소망한다.

스무 살 청년의 세 친구
– 삼청동, 관훈동, 인사동

박상희 _ 조각가

외로웠던 스무 살 청년이 있었다.

어디에도 소속된 곳 없는 그에게 세 명의 친구가 있었다.

삼청동, 관훈동, 인사동이었다.

딱히 갈 곳 없는 그에게 그들은 언제나 그 자리에 있었다.

불러 주는 이 없던 시절에 그곳에 가면 그들은 언제나 그의 테이블이 되고 의자가 되어 주었다.

1.

1970년대의 삼청동은 지금과 달리 서울의 중심부였음에도 청와대가 있었기에 개발이 안 되어 한옥 등 구옥이 많아 고즈넉하고 조용한 동네였다. 어디 갈 곳 없고 혼자 있기를 원했던 그는 삼청동의 그런 분위기를 좋아해 자주 찾아갔었다.

222

특히 삼청공원은 봄 가을 꽃향기와 소녀 같은 공기로 스무 살 청년의 빈 공간을 위로해 주기도 했었다. 또한 첫 휴가를 나와 데이트하는 또래의 이등병과 여자친구를 부럽게 바라보며 더욱 쓸쓸하고 외로워했던 기억을 갖고 있기도 했다. 그는 삼청공원의 벤치에 혼자 서너 시간을 앉아 있다 오곤 했었다. 20여 년이 지난 후, 프랑스 파리에서 몇 년을 살다 귀국하면서 삼청동에서 살게 되었고 삼청공원은 지금 그가 살고 있는 동네의 산책로가 되었다.

2.

또 하나의 친구 관훈동엔 미술회관이 있었다. 그곳은 미술가를 꿈꿨던 그에게 미지의 섬이었고 스무 살 청년이 건너지 못했던 몽상의 장(場)이었다. 당시 작가가 아닌 그가 거기서 전시된 작품들을 보는 것은 마치 입장권을 사지 못한 채 유리창 너머로 동물원, 식물원을 보는 것 같았다.

그랬다.

그가 병역을 마친 후 검정고시를 거쳐 미대에 입학하는 스물여덟 살이 되기 전까지 미술회관은 그에겐 미완의 숲이었다. 그러니까 관훈동은 그가 짝사랑하던 친구였던 거다.

3.

그의 세 번째 친구 인사동.

인사동은 그의 청년기 인생의 출발점이자 조각가로서 현재 진행형이다. 그는 인사동의 골동품 상가와 화랑 등을 다니며 어려서부터 호기심 많던 그 욕구를 미흡하나마 충족할 수 있었다. 안국동 방향의 인사동 입구, 길거리에서 팔던 그 많던 민화(民畵)들은 어디로 갔는가?

대학 때, 캠퍼스 커플이었던 가정대 학생인 첫사랑과의 실연으로 MT에서 돌아오는 중 과음한 상태에 수도약국 앞에서 퍼질러 앉아 넋 놓고 통곡하던 때도 있었다. 그런 나를 불쌍하게 여겼던지 술 깨라고 아이스크림을 입에다 넣어 주던 같은 과 동기 여학생들과 친구들. 그때는 수도약국이 수도약방이었고 앞에 건물이 있었다. 수도약방은 인사동 큰길가 뒤쪽에 있었기에 약국 앞 막다른 골목에서 사랑을 잃고 하얀 아이스크림이 범벅된 얼굴로 서글피 울어 대던 이십 대 청춘. 그런 나를 보며 수도약방 할아버지는 무슨 생각을 했을까? 수도약국 앞을 지날 때면 나를 애처롭게 쳐다보던 그 할아버지 눈빛이 생각나곤 한다. 마치 철 지난 멜로영화 벽보를 보는 느낌? 아프고 힘들었던 20대의 추억이다.

그리고 귀천(歸天). 자그마한 몸에 조용한 귀천의 안주인 목순옥 여사, 역시나 작았던 키의 천상병 시인과 민병산, 채현국 등 그의 친구들. 조그만 공간 귀천은 몇 개 안 되는 테이블에 따뜻한 모과차와 막걸리, 천진한 웃음과 시어(詩語)와 욕심 없는 마음들로 가득 찬, 그 어느 곳보다 넓고 큰 자유의 공간이었다.

내 친구 인사동과의 본격적인 교제는 이십 대 후반부터 시작되었다. 1985년경, 그때의 인사동 골목은 '귀천'으로 향한 길이었고 그

박상희   강화도 건평항 옆에 위치한 천상병 동상과 시비

곳은 시인과 환쟁이와 문학의 언저리를 기웃거리던 이들의 5, 6평
짜리 해방촌이었다.

수년의 세월이 지난 후, 천상병 시인이 운명하기 일 년 전인
1992년, 당시 KBS TV프로듀서로 천상병 다큐멘터리 〈일곱살바기
시인의 아내〉를 제작했던 아내와 세 살 된 아들을 안고 수락산 밑
자락에 있던 시인의 판잣집을 방문했었다. 지금도 생전의 시인과
그의 아내 목순옥, 장모님, 그리고 시인의 장례식을 치르고 남은 조
의금 800만여 원이 불태워졌던 그 집 아궁이가 기억에 남아 있다.

1993년 금호미술관 개인전 오프닝 때, 나는 목순옥 여사가 손
수 만든 옥색 모시 한복을 선물로 받았다. 25년의 세월이 더 흐른
후, 2017년 예상치 못한 강화군청의 의뢰로 천상병 시인이 대표작

〈귀천〉을 썼다고 알려진 강화도의 건평항 옆에 시인의 동상과 시
비(詩碑)를 제작해 설치하였다.

이렇게 인사동과 나와의 교류는 천상병 시인을 만나게 하였고,
십여 년 전 강화도로 작업실을 옮겼던 내게 그 인연은 강화 바닷가
천상병 귀천공원 조성까지 이어져 나의 작품으로 남아 있다. 인생
후반부에 들어서니 필연(必緣)은 우연(遇緣)의 외투를 입고 찾아온다
는 것을 알게 되었다.

이제 우리들이 변했듯 인사동도 변했다. 낡았던 인사동은 젊은
옷으로 갈아입어 카페와 새로운 건물들이 들어서며 골목의 풍경이
바뀌었다. 그러나 지금도 그곳엔 여전히 시와 그림과 조각들이 있
고, 앞으로도 문학과 예술을 사랑하는 낭만들이 각자의 표정으로
새롭게 연출되며 인사동의 이야기는 계속해서 진화할 것이다. 그래
서 인사동은 우리들의 인생동(人生洞) 아닐까.

안녕인사동 ⓒ 김수길

금호미술관

1989년 관훈동에서 개관했다. 1996년 개관 7주년을 맞아 사간동에 건물을 신축하고 확장 이전했다. 특정한 사조나 장르에 편중하기보다 한국 미술의 전체적인 전개 양상에 주목한다. '호암미로', '80년대 형상미술', '한국 모더니즘의 전개'와 같은 동시대 미술의 흐름을 조망한 전시, 미술과 음악을 연계시킨 '미술 속의 음악', 새로운 밀레니엄을 맞이해서 기획했던 '국사(하)', 어린이들을 위한 '팝아트-후아유', '취화선, 그림으로 만나다', '프로포즈7'에 이르기까지 다양한 전시들을 그간 기획했다. 2008년 첫 번째 디자인 전시 '유토피아-이상에서 현실로'를 시작으로, '디자인, 컬렉션, 플리마켓', '키친: 20세기 부엌과 디자인' 등 지속적으로 디자인과 건축에 관한 전시를 기획 개최하여 시각예술의 영역을 더욱 확장시켰다.

주소 서울시 종로구 삼청로 18
전화 02-720-5114
홈페이지 www.kumhomuseum.com

수도약국

수도약국은 광복을 맞이한 다음해인 1946
년 8월 15일에 '수도약방'이란 이름으로 개
업했다. 70년이 넘는 시간 동안 대를 이어
가며 운영된 수도약국은 시민들의 건강을
지키고자 하는 소명의식과 함께한다. 수도
약국은 쌈지길이 만들어지기 전 인사동의
랜드마크였다. 수도약국은 그 역사적 가치
를 인정받아 지난 2020년 '서울미래유산'
에 선정되었다.

주소 서울시 종로구 인사동길 40
전화 02-732-3336

회상

유상동 _ 전 회사 대표

아우구스티누스는 인간의 영혼 '마음' 속에 과거, 현재, 미래가 공존한다고 말했다.

이제 미래의 시간과 과거의 시간도 없다는 것이 명백하고 명료하나이다.

과거 사물들의 현재 시간, 현재 사물들의 현재 시간, 미래 사물들의 현재 시간이 있다고 말하면 옳을 것이옵니다. 이는 이 셋이 영혼 안에서 공존함이옵니다.

그렇지 않으면 내가 그것들을 볼 수 없기 때문이옵니다.

과거 사물들의 현재 시간은 기억이오며 현재 사물들의 현재 시간은 직접적인 의식이오며 미래 사물들의 현재 시간은 기대이옵니다.

잃어버린 시간을 되찾고 싶어 인사동 거리를 서성인 적이 많다. 회상(回想)을 통해 그 시절 그 거리의 그리운 사람들을 현재(現在)로 불러오고 싶다.

마르셀 프루스트는 '무의식적 추억'이라고도 부른 회상이 가진 이러한 메커니즘을 켈트족의 신앙에서 배웠다 한다. 켈트족들은 죽은 이들의 혼이 나무나 돌 또는 짐승들 안에 들어가 사로잡혀 있다가, 어떤 사람이 우연히 그것에 손을 대거나 하면 깨어나되 그 사람을 부르는데 그 사람이 그 목소리를 알아들으면 해방되어 죽음을 정복하고 다시 살아난다는 신앙을 갖고 있단다.

회상(기억)이 인생을 아름답게 만드는 은총임을 말하고 있는 것 같다. 나는 지금 지난 날의 인사동을 회상하면서 그리운 사람들과의 인연을 영원한 현재로 불러오고자 한다.

scene 1. 귀천

골목 안쪽의 작은 공간 '귀천'. 벽은 신문지로 도배가 되고 배터리를 고무줄로 동여맨 오래된 라디오에서는 브람스의 교향곡 4번 1악장 알레그로 논 트로포(Allegro non troppo)가 흘러나온다. 목순옥 여사는 모과차를 내 모시고 천상병 시인은 한 켠에서 두 눈을 지긋이 감고 음악에 취해 계신다. 모과차 맛이 너무나 좋다. 사모님! 육수 좀 더 주세요! 두 분은 하늘나라로 가셨지만 인사동 사람들은 매년 함께 모여 추모제를 올린다. 자식 없는 두 분을 위하여. 해마다 그맘때 즈음이면 갤러리 씨네의 노광래 사장이 전화를 한다. "형님!

인사동 거리에서 기념 촬영하는 가족 © 조문호

오늘이 천상병 시인 기일이에요." 우리는 인사동에서 모여 수락산 밑으로 간다. 다들 막걸리 한 잔에 〈귀천〉을 읊조리며 옛사람을 그리워한다.

scene 2. 시가연

우리는 두세 달에 한 번씩 서정춘 시인을 모시고 이곳에서 모였다. 연잎밥을 먹고 막걸리를 마신다. 얼굴이 불콰해지면 선생은 〈죽편〉을 낭송하신다. 막걸리를 한 잔 더 들이키신 후 문단에 널리 알려진 그분의 절창이 흘러나온다. 구성진 '부용산' 가락이.

노래 전에 '부용산' 가사와 작곡 동기를 이야기하셨다. 박기동 선생의 50년 회한이 담긴 가사에 작곡가 안성현 선생이 목포 항도 여중에서 사랑하는 제자를 잃고 지은 곡이다. 애절한 곡이라 한다. 그러나 '부용산'은 빨치산들에게 많이 불려지고 안성현의 월북 이후 금지곡이 되었다가 전두환 말기에 해금되었다 한다. 흥이 오른 선생은 탐매여행을 제안하신다. 그래서 우리는 순천 선암사의 선암매와 구례 화엄사의 흑매 여행을 다녀왔다. 서정춘 선생님을 사랑하는 순천 문인들의 융숭한 대접을 받으면서.

scene 3. 인사동 한정식 '가회'

어느 여름날 저녁에 우리는 이곳에서 만났다. 동국대학교 불교미술학과 손연철 교수, 불교철학자이신 박경준 동국대학교 교수, 베이징대 고문자학 박사이자 서예와 전각의 대가이신 이영철 총장

인사동 거리 행상 ⓒ 조문호

과 나 네 사람이. 반주를 곁들여 식사를 하면서 담소를 나누던 중 박경준 교수에게 말했다. "목소리가 아주 좋습니다" 하니 "내가 목청치레는 했습니다" 하신다. 노래 한 곡을 청하자 흔쾌히 응하신다. 바로 일어나서 먼저 에어컨 작동을 중지시킨다. 이윽고 나오는 변훈의 '명태'. 음식점을 울리는 노랫소리에 옆방의 손님들도 소리를 죽이고 귀를 기울이더니 노래가 끝나자 사방에서 박수소리가 터져 나온다. 알고 보니 유명사찰 음악회에 초대되어 음악 보시를 하신단다. 오페라 아리아, 가곡, 대중가요, 이탈리아 칸초네 등 전문 성악가 수준이시다. 기타를 들고 '로망스'를 연주하고, 볼프 페라리의 '마돈나의 보석' 간주곡을 함께 흥얼거리기도 하고. 그렇게 우리는 친구가 되었다.

이영철 총장도 목소리가 기가 막히다. 박 교수의 노래에 대한 답가로 '사철가'와 '쑥대머리'가 나왔다. 북을 찾다가 없으니까 젓가락 장단을 곁들였다. 정말 대단했다. 옆 방에서 박수소리가 요란하다. 앵콜! 앵콜! 정말 즐겁고 흥겨운 밤이었다. 맏형인 손연철 교수와 이영철 총장은 전남 고흥의 같은 마을 출신이다. 수년째 석굴암 본존불 재현에 시간과 노력을 다 바치고 계신 손연철 교수께서 노래가 끝난 후 합죽선을 사오시어 서예 대가인 이영철 총장의 글을 받아주셨다. 돈화문 국악당에서 공연이 있는 날이면 이영철 총장의 정다운 목소리가 들려온다. "형님! 오늘 같이 가십시다."

우리는 인사동에서 저녁 식사를 하고 함께 공연장에 가곤 한다. 송가인 어머니가 하는 '진도씻김굿'도 보고 또 다른 통영굿판에서는 젊은 아낙네의 승무 추는 모습에 반하기도 했다. 태백산맥, 벌교, 소화 모습이 오버랩되고….

scene 4. 여자만

한영식, 유성수, 윤순용, 나. 우리 네 사람은 3개월에 한 번씩 '여자만'에서 만난다. 한영식 사장은 대단한 고전 음악 애호가이시고, 독일제 크랑필름 스피커에 EMTP27 턴테이블, 진공관 앰프, 명반 LP 초반을 많이 소장하고 계시는데 개인 사무실에 오디오 시스템이 갖추어져 있어 우리는 함께 음악을 감상하고 포도주를 마시곤 했다.

유성수 씨는 한솔그룹 내 사장을 역임한 고전음악 애호가다. 정말 음악을 좋아한다. 음악 이야기를 할 때 빛나는 눈동자를 보면 안다. 1993년 키로프 발레단의 '백조의 호수', 네빌 마리너의 '세인트 마틴 인더필즈' 공연에서는 모차르트 교향곡 41번 주피터 직후 앵콜곡으로 나온 멘델스존 심포니 5번 3악장 안단테(Andante)의 감동적인 순간을 함께했다.

윤순용 씨는 증권 전문가이지만 실제는 음악, 미술, 영화에 정통하다. 음악평론가 이순열 선생이 그의 외삼촌이시다. 윤 형은 자기 집에 지인들을 자주 초대한다. 각자 자기가 좋아하는 LP를 들고 가서 음악을 듣는다. 그럴 때면 직장관계로 '여자만' 모임에 자주 못 오는 이종수 씨도 오고. 정원에 단풍이 아름답게 물들던 어느날 우리 집에서 모였다. 2층 오디오룸 턴테이블 위에 멘델스존의 무언가

여자만 ⓒ 김수길

를 발터 기제킹이 연주하는 모노판으로 올려놓고 함께 들었다. 진 공관 불빛에 의지해 불을 끄고. 바깥 창으로 달빛이 들어왔다. '베네 치아 곤돌라송'이 우리를 사로잡았다.

scene 5. 카페 '흐린세상건너기'

인사동 안쪽에 있는 카페다. 한쪽 벽에는 모딜리아니의 '잔느 에뷔테른'이 걸려 있다. 이 그림은 서정춘 시인이 기증했다 한다. 서정춘 모임의 2차는 꼭 이곳으로 간다. 이곳 여 사장을 서정춘 선 생은 누이처럼 생각한다. 먹태안주가 일품이고 맛이 좋다. 분위기 도 좋다. 어떤 때는 즉흥적으로 소음악회를 한다. 기타가 있어 반주 를 곁들여 직접 노래도 한다. 서정춘 선생이 부르는 김성진곡 회상 도 일품이다. 어떤 날에는 선생님이 초대한 여류 시인이 가곡을 노 래하기도 한다.

나를 키운 것은 8할이 음악이었다고, 순천여고 담벼락 밑에서 듣던 여고생들의 노랫소리가 자기의 시심(詩心)을 키웠노라고 하시며, 그리그의 '솔베이지송'을 읊조리신다. 그래서 순천여고 출신 고향 후배들과 함께 이곳에서 자주 만나신다. 그럴 때마다 나는 자리를 함께한다.

이어지는 이야기에 끝을 맺어야겠다. 회상을 통해 불러낸 옛 생각들이 현재로 다시 살아나 거리도, 풍물도, 사람도 다시 사랑할 수 있게 되었으면 좋겠다. 코로나가 시작된 지 벌써 3년차. 우리의 애환이 깃들어 있는 인사동을 지키면서 전통문화와 옛것을 지키고 있는 인사동 사람들의 안부가 걱정이다. 모두 다 건강하시고 하시는 사업이 잘되기를 진심으로 기원해본다.

인사동, 나의 놀이터

최정인 _ 섬유공예가

사십 년 전의 인사동과 지금의 인사동은 달라도 아주 많이 다르다. 어찌 보면 제법 정리가 되었고, 어찌 보면 너무 상업화되었나 싶고…. 직업상 외국을 열심히 나가야 했던 나는 집에 오면 가방을 던져둔 채 인사동을 숨 쉬러 나왔다.

도착지가 어느 골목이 될지는 그날의 바람과 냄새에 따라 결정되곤 했다. 하늘을 긁어 댄다는 빌딩 숲에 며칠씩 유폐되어 있다가 서울에 들어오면 그리운 엄마 품처럼 나는 인사동을 탐했다.

아직도 고왔던 내 엄마는 집 들어온 딸의 뒤꼭지밖에 못 봤다고 투덜대곤 했었다. 때로는 묵은 장판 냄새가 나는 구석에 어깨 구부리고 앉아서, 때로는 작은 새가 날아다니는 찻집에 책 몇 권 끼고는 하루를 만끽하곤 했다. 노독을 푸는 나만의 일종의 세레모니였다. 골목마다 다른 찻집, 다른 개성의 주인장, 표구한 그림들에서부터

개와 함께 인사동 거리에 나선 행인 ⓒ 김수길

가장 모던한 작품까지, 내가 좋아하는 많은 것들을 모아놓은, 아주 큰 문구점 같은 곳이 인사동이었다.

　　아끼던 한 후배는 그 시절치고는 호기롭게도 당당히 흡연을 즐기던 놈이었는데(거의 사십 년 전이라 그땐 실내 흡연이 허락되던 시절이었다), 그 새가 날아다니던 찻집에서 있었던 해프닝을, 비행기에서 날 보자마자 어미에게 일러바치는 모양새로 빠르게 말했다. 어떤 서양 놈 둘이 자기가 다 알아듣는지도 모르고 "동양 여자가 대낮에 공공장소에서 담배를 피우네…. 담배 피운 입에 키스하는 건 쓰레기통에 키스하는 기분일까…." 운운해서, 참다못해 벌떡 일어나 당당히 걸어가 두 눈 똑바로 뜨고 말해 주었다고 했다.

늘 북적이는 인사동 거리 ⓒ 김수길

"Mind your own business!" "I'm not your baby!"

나는 아직도 버티고 있는 몇몇 찻집들에 들어가면 불과 엊그제 같이 그 아이 목소리가 기억난다. 그립다. 애 셋 낳고 캐나다로 더 잘 키우러 간다던 그놈이 몹시 그립다. 아직도 씩씩하니 거기서? 인사동은 아직도 씩씩해, 나름.

인사동에서의
안선재 수사

안선재 _ 서강대학교 명예교수

1993년 5월, 작은 찻집 '귀천'과의 만남으로 인사동을 발견하게 되었다. 시인 천상병은 찻집 방문 며칠 전에 이미 세상을 떠나서 직접 만날 기회를 갖지 못했다. 좁은 골목길 끝에 창이 없는 아주 조그만 공간, 기름 스토브로 난방을 하는 '귀천'에서 부인 목순옥 여사를 처음 만났다.

그분이 천 시인과 20년 동안 찌든 가난 속에 함께 살아온 동반자였다는 사실을 곧 알게 되었다. 처음으로 모과차를 마셔 보았다. 시인이 돌아가셨기에 누군가가 준비한 카세트테이프로 바흐의 첼로 음악과 가수 이동원이 슬프게 부른 〈귀천〉(이후 잊을 수 없는 음악이 된)이 하루 종일 반복되고 있었다. 이후 모과차나 유자차를 즐겨 마시는 단골손님이 되었고 목 여사와 목 여사를 돕고 있던 조카와도 서로 알게 되었다. 목 여사가 하루도 빠짐없이, 서울에 인적이 드문

천상병 시인의 부인 목순옥 여사 ⓒ 조문호

명절 기간조차도 카페를 열어야 하는 기분을 이해하게 되었다.

명절 기간 중 이런 경험을 한 적이 있었다. 심심한 기분이 들어 길이 휑하니 비어 있는 인사동에 나갔다. 목 여사가 하루도 빠짐없이 가게 문을 연다는 이야기를 들은 기억을 떠올리면서, 어쩌면 닫혀 있을지 모른다는 생각을 하면서 찻집의 문을 밀었을 때 손님도 없는 그 공간을 목 여사가 홀로 지키고 있었다. 인사동의 다른 가게들이 문을 다 닫았는데도 말이다.

시간의 흐름 속에 나와 함께 한두 사람이 목 여사의 가족이 되다시피 했다. 목 여사는 박물관대학에 등록을 했었고 매달 답사를 별도의 비용을 지불하지 않고 다녔던 것으로 기억한다. 우리들은 답사 장소에 그가 초청한 손님 자격으로 참가하였다. 시골의 언덕이나 평야에 있는 옛 절터를 방문하여 전문가의 강의를 들은 다음 회원들은 무리를 지어 땅바닥에 앉아 목 여사가 가져온 많은 양의 음식을 즐기곤 했다. 이 음식들은 목 여사의 연로하신 어머님께서 준비해주신 것이었다. 소박하지만 맛있는 음식과 역사가 결합된 아주 멋진 경험이었다. 우리 작은 가족은 때때로 한국의 여러 곳으로 여행을 떠나기도 했는데 제주도까지 간 적도 있으며 그 후엔 프랑스의 파리까지 먼 여행을 하기도 했다.

천상병 시인이 돌아가신 뒤 얼마 되지 않아 그와 목 여사가 살아온 이야기는 소박한 드라마로 만들어져 무대에 올려지기도 했는데 그의 몇몇 시들은 음악에 맞춰 낭송되기도 했다. 코믹하면서도 마음을 울리는 감동이 있었다. 혜화동의 소극장에서 몇 차례 공연되기도 했다. 매우 감동적인 연극을 통해 천상병 시인의 드라마틱한 삶을 이해하게 되고 그의 고통, 그의 독특한 인간성, 그들 부부의 별난 관계를 알게 되었다. 후에 목 여사는 자신의 삶을 책으로 출판하기도 했는데 그와 함께한 결혼 생활은 플라토닉한 것이었다고 술회했다.

매년 4월 28일 천상병 시인의 기일과 가까운 토요일엔 우리와 그의 친구들은 버스에 가득 타고 가서 의정부 외곽에 있는 그의 무덤을 참배했다. 우리들은 그의 무덤에 음식과 술을 올렸고 누군가는 노래를 부르거나 시를 낭송했으며 목 여사와 다른 분들이 준비해온 음식을 함께 나누었다. 돌아오는 길에 시인 부부가 살았던 공단 지역 외곽의 허름한 동네를 방문하곤 했는데, 목 여사의 연로하신 어머니께서 반갑게 맞아주셨다. 그 어머니는 이웃 아주머니들에게 과일 차 만드는 법을 가르쳐주었고 만들어진 차는 '귀천' 찻집에 내놓았다.

2010년 8월 목 여사가 장파열로 집중 치료를 받고 있다는 소식을 들었다. 며칠 동안 치료를 받지 않고 방치해두었기 때문이었다. 그녀에게 죽음은 속박으로부터 자유로운 상태가 되는 것이었다. 장례를 치르고 남양주에 있는 묘지 공원에 묻혔으며 천상병의 유골을 모셔와 현재는 함께 영면의 휴식을 취하고 있다. 고단한 삶의 마지막 슬픈 종지부였다.

나의 인사동 시절을 '귀천'에서만 보낸 것은 아니다. 내가 좋아했던 또 하나의 찻집은 '지대방'으로 '귀천'의 맞은편에 자리하고 있었다. 주인인 오 사장은 '귀천'보다 더 작은 공간에서 (나중에 옆으로 확장을 하게 되지만) 솔바람차나 모두다차 같은 특별한 차를 제공했다. 어느 날 영국에서 온 셰익스피어 연구의 저명한 학자 한 분과 사찰 음식의 저녁 식사를 한 다음 이곳에 모시고 가서 차를 대접하고 친구들과 담소를 나누었는데, 이후 이 학자는 여기에서 가장 아름다운 저녁을 보냈다고 회고했다.

나의 인사동 시절에 차와 관련된 또 한군데의 주요한 장소는 바로 채원화 보살이 운영하던 '반야로차도문화원'이다. 그는 차의 명인이자 학자이고 다솔사의 주지를 역임했던 효당의 부인이었다. 효

지대방 ⓒ 김수길

당은 《한국의 차도》(차도에 관한 획기적인 책)를 집필하고 몇몇 다인들과 함께 한국 근대차 문화를 부흥시킨 사람이었다. 지리산에서 매년 제다한 그녀의 차는 반야로차로 세상에 알려졌는데 기대 이상이었다. 두 사람의 시골 부인들의 도움을 받아 생산된 그녀의 차는 특별한 것이었으며, 나는 1994년 처음으로 그 제다 과정을 직접 눈으로 관찰했다. 그때 내가 마셨던 깊고 강렬하며 향이 좋은 반야로차는 당시의 어떤 녹차와도 견줄 수 없는 것이었다.

내가 1993년 대한민국의 국적을 취득하고자 결심했던 배경에도 인사동에서의 몇몇 에피소드가 자리 잡고 있다. 나는 한국시와 소설들, 구상, 서정주, 김광규, 고은, 이문열의 작품을 이미 번역하여 출판하고 있었지만, 나의 결심에 결정적인 역할을 한 것은 차를 알게 해준 사람들이었다고 말할 수 있을 것이다. 귀화할 즈음 나는 한국 이름이 필요하였고 화엄경의 선재동자가 나에게 이름을 주었다. 내가 그를 좋아하는 것은 그가 '난 어린 나그네이며 내가 가는 곳 어디서나 진실과 아름다움으로 이끄는 이들을 만나 그들로부터 배우고 그들을 찬양하고 사랑하죠'라고 말했기 때문이었다.

그 인사동은 더 이상 존재하지 않고, 그 식당들은 문을 닫았지만 '할머니집', '이모집', '평화만들기', '볼가카페'의 기억은 오롯이 남아 있다. 그때는 나이 오십이 채 되지 않았을 때였지만 지금은 팔십을 넘기고 있다. 그러나 나는 아직도 그들에게, 그리고 그들이 제공한 장소와 그들이 보여준 환대에 대해서 감사하고 있다. 또한 나를 여러 곳으로 안내하여 많은 것을 가르쳐 준 매우 소중한 친구들에게도 두말할 필요 없이 감사의 뜻을 전한다.

'나도 아름다운 이 세상 소풍 끝내는 날 가서 아름다웠더라고 말하리라.'

인사동에 가면

장순향 _ 민중춤꾼

    종종걸음이거나 느긋한 걸음으로 골목골목 미로를 헤집고 다니며 이곳저곳 기웃거리는 재미가 쏠쏠한 인사동 거리, 박근혜 탄핵 촛불혁명 당시 경찰차벽으로 빙 둘러 싸여 돌고 돌아 헤매다 약속도 없이 조우하기도 한 인사동 골목은 쫓기는 자들의 안식처였다. 때로는 구경거리로, 때로는 먹거리로, 때로는 사교로, 때로는 피신처로, 각자의 생활 모습대로 찾아드는, 사람 냄새나는 인사동은 여행객, 버스킹, 밤늦도록 들려오는 바이올린 연주 소리, 기타와 노랫소리, 그렇게 켜켜이 사람, 골목, 바람, 별이 추억을 쌓는다.

    안국역 6번 출구를 나오면 한 사람이 들어갈 만한 골목이 있는데, 거기로 들어가 몇 집을 건너면 화가가 운영하는 '유목민'이 있다. 그곳에는 '다시는 오지 않노라'고 호언장담하며 전날 탁자를 탁치고 나간 화가 장경호 선생도 술시가 되면 어김없이 막걸리 잔을

기울이고 있다.

쥔장은 그가 오지 않노라고 하면 더욱 좋아하는 눈치이고, 우리는 키득키득거린다. 민중화가 신학철 선생을 비롯해 정희성 원로 시인, 박철 시인, 미술평론가 최석태, 민중화가 장경호, 민중춤꾼 장순향을 모아서 어느 해 부터인지 그냥 아무런 목적도 없이 그저 한 번씩 '유목민'에서 만나던 모임을 주선했던 조준영 교수는, 나도 창원으로 떠나고 신학철 선생도 천안으로 떠나서 자주 모이지 못한다고 아쉬워한다. 내로라하는 예술계 거장들부터 지나가는 나그네까지 전부 친구로 만들어버리는 '유목민'의 불빛은 늘 정겨웠고 많은 인연들이 모여든 곳이다.

인사아트갤러리 골목으로 들어가면 '낭만'이 있는데 이곳은 진보 진영 인사들이 많이 애용하며 드나드는 곳이다. 고 김용태 전 한

유명인들의 밥집 명소 '낭만' ⓒ 김수길

국민예총 이사장 부인과 딸이 운영하고 있는데, 웬만한 정치인, 예술인, 명인, 구라들이 즐겨 찾는 이곳은 '용태 형'을 그리는 사람들이 많이 찾는 밥집 명소이다.

2018년에 낙원상가와 인사동사거리 중간에 임진택 명창의 '창작판소리연구원'이 들어서면서 인사동 골목은 판소리가 보태져 우리소리 명소로도 더욱 활기를 띠게 되었다. 창작판소리연구원은 전통 판소리 외 창작판소리인 〈똥바다〉, 〈안돼 타령〉, 〈내가 원하는 우리나라〉, 〈오월 광주〉, 〈윤상원가〉 등 수많은 명작들을 전수하고 있다. 전통찻집으로 유명한 천상병의 '귀천'이 있는 골목은 다른 유명 찻집들도 많다. 쌈지길 건너 이층 전통찻집의 단팥죽은 겨울 나그네의 언 손을 녹이기에 그저 그만인데, 맛도 아주 훌륭하여 오래도록 잊혀지지 않는다.

창작판소리연구원 예술감독 임진택 ⓒ 김수길

　무엇보다도 인사동은 전시 공간이 100여 곳이나 되어 지나가는 시민들의 발걸음을 멈추게 한다. 갤러리인사아트, 아라아트, 나무화랑, 그리고 경남도의회 신상훈 의원이 본회의에서 5분 발언을 해서 속전속결로 건립이 진행된 경남갤러리 등 이름도 기억할 수 없는 수많은 갤러리에는 유명, 신진, 중견 작가 그림이 어우러져 전시되고 있다. 그 가운데서 '나무화랑'은 1980년대 '그림마당 민' 이후 대안공간으로 인사동의 아주 특별한 전시 공간이다.

　몇 해 전에 인사동에 스타벅스 매장이 들어섰다. 자국어 간판을 건 최초 사례라고 하는데, '인사동에까지 대기업이 진출하여 서양 브랜드를 자국어 간판이라고 호들갑을 피워가며 들어서야 하는가?'라는 불만도 있었던 것 같다.

　인사동에 가면 필요하지 않은 물건들도 들여다보고, 사지도 않

최초의 한글 간판을 내건 스타벅스 인사점
© 김수길

을 한지 부채를 폈다 접었다, 한복 치마를 요리조리 들여다보고 하는 등 눈이 호사를 누린다. 어디선가 이름을 부르면 나도 모르게 고개가 휙 돌려지고, 아는 얼굴들이 금방이라도 나타날 것 같은 생각에 혼자 씨익 웃는다. 그러다 우연히 진짜로 마주치면 반가워 폴짝폴짝 뛰기도 하고 팔짱을 끼기도 하면서 난리법석이다.

누구나 한 번쯤은 괜스레 어슬렁거리고 싶은 인사동은 옛날과 달리 많이 변했다지만 그래도 그 거리, 그 골목, 그 추억은 잊을 수 없다. 거의 매일 잠실역에서 2호선을 타고 출발하면 왕십리역에서 3호선을 갈아타고 안국역에서 내려 6번 출구로 나가 인사동을 거쳐 사무실로 다니던 그 길을 가지 못한 지도 벌써 두 해째다.

"인사동에서 만나자!"

귀가 쫑긋해지는 그 부름이 그립다.

거리 곳곳에서 연주를 하고 있는 외국인 악사들 ⓒ 김수길

인사동에는
귀천이 있다

강애심 _ 연극배우, 뮤지컬배우

인사동에 작은 찻집에 들어서자 '깍깍깍까까~' 이상하면서 커
다란 소리가 들렸다. 그분의 웃음소리다. 비쩍 마른 얇은 다리를 꼬
고, 연신 줄담배를 피우며, 하회탈같이 주름 많은 얼굴로 사람들
과 대화 중이다. 고개를 계속 끄덕이며 네, 네, 네, 대답도 잘하신다.
난 인사동 작은 찻집에서 그분을 진짜로 만난것 같았다. 아니 진~
하게 만났다.

1991년 날 유난히 따르던 한 후배가 책 한 권을 선물했는데 바
로 천상병 시인의 《괜찮다 괜찮다 다 괜찮다》였다. 겉표지를 넘기
니 특유의 비뚤하면서 큼지막한 글씨체로 '강애심양 惠存 천상병
91.10.11 歸天 카페에서'라고 쓰여 있었다. 볼펜똥이 여기저기 묻어
있어 지저분했고 글씨체는 안정되어 보이진 않으나 힘이 있었고 자

유롭게 느껴졌다. 근데 그 글씨를 보는 순간 가슴이 쿵하고 내려앉는 것처럼 아려왔다. 후배는 "이 시인이 괴짜이며 아름다운 시를 쓰고 천재이며 밥 대신 막걸리를 마시고…"라며 그에 대해 많이 이야기한 것 같은데 난 그 글씨체에서 받은 충격으로 그 순간이 멈춰 있는 듯했다.

그러곤 그 책은 읽지 않은 채 책장에 꽂아두고 3년의 세월이 흘렀다. 어느날 전화가 왔다. 출연 요청이었다. 천상병 시인과 부인 목순옥 여사의 이야기를 담은 공연인데 제목은 〈귀천〉이고 목 여사 역할을 해달라는 얘기였다. 다시 한번 가슴이 쿵 하고 내려앉으면서 눈물이 나기 시작했다. 본 적도 알지도 못하는 이상한 시인의 책을 받아들고 충격에 휩싸였다가 이내 잊고 있었는데 그분의 부인 역할을 맡게 되다니….

잊고 있던 《괜찮다 괜찮다 다 괜찮다》를 열심히 찾았다. 먼지 쌓인 그 책은 날 기다리고 있었는지 금방 눈에 띄었고 바로 읽어내려갔다. 일단 너무 재미있었다. 일기 같기도 하고 에세이 같기도 하고 소설 같기도 하고 수준 높은 문학평론 같기도 하고. 웃다가 울다가 감동받고 감탄했다.

우선 그분과 목순옥 여사를 만나야 했다. 인사동 좁은 골목에 귀천 카페가 있다. 목 여사가 직접 담근 모과차가 일품인 그곳을 그때까지 단 한 번도 가보지 못했다. 어색한 발걸음으로 카페 문을 여니 특유의 웃음소리가 들리는 듯했다. 환청인가? 천 시인은 이미 '귀천'하셨는데 까치웃음으로 날 반기시는가? 괜히 울컥하고 반가운 마음에 목 여사를 덥썩 안아버렸다. 내 품안에 쏙 들어오는 그분은 몸집은 작지만 따뜻했고 모과향이 났다. 그 후로 귀천에 자주 들러서 천 시인의 일상에 관해 얘기를 많이 들었다. 그리고 그분의 책, 인터뷰한 잡지, 일상이 담긴 비디오 등 연극에 필요한 여러 가지 자료들을 안내받아 열심히 보기 시작했다.

천 시인은 내 남편, 나는 목 여사가 되어야 했다. 공연 내내 나는 천 시인을 남편으로 바라보고 목 여사의 마음이 되어 눈물흘렸다. 정말 진~ 하게 두 분을 만난 거다.

그렇게 인사동은 귀천 나들이가 됐고, 중간에 자리를 옮길 때까지 자주 찾아가서 모과향과 목 여사의 따뜻한 웃음과 함께했다. 귀천 가는 길에 인사동 골목에 있는 생활한복집에 가서 세일하는 옷 하나 집어들고 올 때도 있고, 문방사우 파는 곳에 들러 지인들에게 줄 선물을 하나씩 사기도 하고, 맛집도 들르고, '푸른별 주막'에 가서 한잔 걸치기도 하고. 그리고 세월이 또 흘러 목 여사님도 돌아가시고, 인사동은 내게 대학로 가는 길에 거쳐가는 장소일 뿐이었다.

그런데 다시 12년 만에 인사동 귀천 얘기를 이렇게 하게 됐다. 천 시인의 글에도 목 여사의 글에도 자주 등장하는 문학청년(?) 노광래 선생님, 천 시인이 세금으로 모은 돈 중 50만 원을 그가 장가 들면 주겠다고 노래했던 바로 그 노광래. 천 시인이 간경화로 춘천 의료원에 입원했을 때 목 여사와 함께 대소변을 받아내던 그분이 또 한 번 원고 청탁을 해주셨다. (16년 전쯤 《천상병을 말하다》는 책에 감히 내가 한자리를 차지하게 해주셨다.) 인사동에 화랑을 운

'예당' 골목 안 스님들 거처 벽에 붙어 있던 웃는 얼굴이 그려진 나무판 © 김수길

영하시면서 인사동의 역사를 이어가고 계신 그분이야말로 귀천의 산 증인이시다. 난 '인사동'이라고 하면 떠올릴 것이 카페 귀천과 천상병 시인과 목순옥 여사뿐이다. 그냥 울컥한 감정이고 고마운 인연이고, 잊고 지낸 세월이 미안할 뿐이다. 그리고 오래 남아 있는 감사한 마음…. 이번 목 여사 기일엔 귀천을 들러서 두 분의 향기를 느껴야겠다.

돌실나이

돌실나이는 한복을 일상화하겠다
는 꿈에서 출발했다. 현재 생활 한
복 브랜드의 대표 주자로 자리매
김한 돌실나이는 한복을 현대화된
스타일로 해석해 대중화하는 데
앞장서고 있다. 돌실나이의 옷들
은 순면 소재와 피그먼트 염색을
활용해 소박한 한국적 아름다움을
선보인다. 씨실과 날실을 표현한
벽돌의 타공법으로 지어진 돌실나
이는 지난 2011년 서울시 좋은 간
판 우수업체로 선정된 바 있다.

주소 서울시 종로구 인사동길 35
전화 02-737-2232
홈페이지 www.dolsilnai.co.kr
인스타그램 @dolsilnai_official

인사동 40년 문화 공간 '시가연(詩歌演)'을 지키며

김영희 _ 시인, 시가연 대표

서울 도심의 잿빛 하늘과 혼탁한 공기가 아무리 우리를 우울하게 해도, 유독 인사동 거리로 나서면 오래 묵은 친구를 만나는 설렘처럼 마음이 밝아지고 발걸음이 가벼워진다. 해질녘 골목골목의 실핏줄이 가늘게 얽힌 미로 같은 그 길목에는 한 편의 시처럼 청아하고 단아한 풍류가 늘 따스한 온기처럼 흘러나오고 있기에 그렇다는 얘기다.

시래기국 한 사발에 소주 한잔에도 정이 넘쳐나는 외롭고 헛헛한 겨울밤, 혹은 꽃향기 분분한 어느 주막에서 흘러나오는 시낭송 한 줄만으로도 배부른 봄날, 비단 음주가무가 아니라도 음악에 심취하고 와자지껄 문학과 삶의 담론을 펼치는 광기 어린 예술가들의 그림자가 서린 거리에는 주인과 객이 따로 없다.

외롭고 헛헛한 것 같지만 외롭지 않고, 어깨를 부딪치며 살을 맞대고 정(情)을 돋우며 궁하지 않고 포만한 느낌을 공유하는 곳, 삶이 팍팍하거나 거칠수록 혹은 사람이 그리워, 그 예술 향기가 그리워 발길을 옮기게 되는 곳이 바로 이곳 인사동이 아닐까 싶다.

'전통문화의 거리' 인사동. 곳곳에서 진한 사람의 향기가 싹을 틔우던 거리마다 예술의 혼도 북적거렸음에 틀림이 없었다. 하지만 어느 날부터인가, 인사동 향기가 점점 사라지고 정체 없는 낯선 외래 문물들이 진을 치면서 인사동은 점차 변모하기 시작하였다. 눈만 뜨면 새로운 건물이 들어서고 토박이 예술가들은 하나둘 이곳을 뜨기 시작했다.

추억이 담긴 인사동 풍경을 그리워하며, 이제는 조금이나마 지난날을 회상하는 연륜이 쌓여가는 즈음에 이름하여, '시가연(詩歌演)'을 되돌아본다. 어느덧 10년 세월의 족적이 고스란히 남았다. 그저 누군가를 막연히 기다리며, 따뜻한 차 한잔 마셔도 결코 그 시간이 아깝지 않을 이곳. 아름다움을 표현하고 창조하는 일이 바로 예술이 아니었던가.

해질녘이면 미로같이 얽힌 인사동 골목으로 마치 약속이나 한 듯이, 사람들이 스며들고 또 사라진다. 취기에 노래 한 자락이라도 목청 터지게 불러보고 싶은 거리, 어느 날 시집 한 권 들고 산책하기 좋은 거리도 역시 이곳이 아닐까 싶기도 하다.

종각역 인근에서 어렵사리 문을 열었다가, 2014년 어느 추운 겨울날 재개발에 떠밀려 현재의 이곳으로 온 지도 벌써 8년의 세월이 흘렀다. 지난 시간들은 아름답고 그립기 마련이다. 그동안 우리

'시가연'에는 수많은 시인 묵객과 다양한 장르의 예술가들, 주연보다 빛났던 조연의 관객들, 그냥 지나가다가도 그 독특한 사람, 사람들의 소양에 반해 눌러앉은 독자들 이야기가 너무나 많았다.

생각해보니 불꽃처럼 삶의 여정을 마친 '광기'의 예술가들이 어느 날 소리 없이 이 세상을 뜨고, 흐르는 물처럼 그렇게 세대교체가 이루어진다. 그런 가운데에서도 여전히 시인과 독자와의 만남, 시낭송, 노래와 연주, 질펀한 국악 한마당 등 다채로운 행사들이 단절되지 않고 이어져 오고 있다는 사실만으로도 다행스러운 일이 아닐 수 없다.

갑자기 기억 속의 풍경들이 하나둘 떠오른다. 무대예술감독을 지냈던 연극인 엄경환이 애지중지 사랑했던 통일연극인 처 정정희가 암으로 세상을 등지자 첫 추모식을 가진 곳이 바로 '시가연'이었고, 밤새 통음을 하며 자유로운 영혼을 자처하던 그 자신도 이제 하늘나라로 가고 없는 빈자리도 역시 이 자리다.

윤동주 시인의 3주기(1948년 2월 16일) 추도식에 처음 헌정되었다는 윤 시인의 《하늘과 바람과 별과 시》 초판본을 이곳에서 전시하게 되었다는 사실만으로도 참으로 자랑스럽고 뿌듯한 일이 아닐 수 없다.

원로 민속학자 심우성 선생이 돌아가시기 전, 제자와 함께한 '넋전 춤' 마지막 공연이 있었고 아울러 무용가 김은진의 춤 공연이 펼쳐지기도 하였다. 또한 외솔 최현배 선생(고향 울산) 일가와의 인연 깊은 사연도 있다. 외솔 선생의 손자인 고려대 명예교수 최동식 박사는 이곳을 참 자주 드나들었다. 최 박사의 간곡한 부탁으로 그의 부친 최영해 정음사 대표의 기일에 이곳에서 추도식을 거행하기도 했으며, 몇 해 후 심장마비로 갑자기 세상을 뜬 최 박사의 추모행사까지도 그 지인들과 함께 이곳에서 진행되었다.

늦은 밤, 제집 드나들다시피 하던 원로 이창년 시인은 옆집 친구처럼, 욕쟁이 시인처럼 그렇게 따뜻하고 온화하게 술과 벗 삼아 사람들을 챙기더니 꽃향기 퍼져나갈 2022년 4월 말 무렵, 홀연히 이 세상을 떠났고 그를 기리는 추모의 시간도 가졌다.

떠난 영혼들을 추모하며 잊지 않고 그들을 기리는 일은 오히려 영광스러운 일이다. 그들의 예술 혼과 삶의 흔적들이 간단치 않고 아름다운 여정이었기에, 그 정신 또한 품고 가는 것이 남은 자들의 도리가 아닐까 생각한다.

세월 속에 명멸해가는 이 거리의 풍경들로 인해, 우리는 이곳을 지키며 또한 새롭게 발을 내딛는 신진세대 예술가들의 따스한 둥지로서 혹은 이곳 인사동을 찾는 객들에게, 외국인들에게 우리들만의 진한 향기를 전해야 할 일말의 의무 같은 것이 있는 것은 아닐까.

인사동 골목, 건물의 좁은 계단을 타고 내려와 그다지 넓지도 않은 이곳에서 참으로 의외의 뜻깊은 일들을 많이 겪어냈다. 문학과 음악과 담론이 섞여 늘 화기애애한 풍경을 자아냈던 이곳에서 자랑을 굳이 한다면, 시낭송 공연은 물론이고 국악 판소리, 우리 가곡 부르기, 클래식기타 연주회 등을 지금도 계속하고 있다는 사실이다.

96세 현역 성악가 홍운표 선생 얘기를 잠깐 하자면, 이분의 세계 최초 99세 성악 독창회를 기획 중이라는 사실도 이곳에서 그 소식이 알려지고 퍼져나가게 되었다. 뿐만 아니라 매주 목요일 오후 3시, 한국 최초의 디스크자키(DJ) 최동욱 선생의 '세시의 다이얼' 행사도 방송국 스튜디오에서 하듯이 이곳에서 진행해 올드팝 애호가들의 성원과 함께 사랑방 역할을 톡톡히 했었다.

그런가 하면 화요일 상설 '판소리 한마당'도 10년 가까이 쉼 없이 이어져 왔다. 국악인 이규호 선생이 소리판을 여는 날에는 가인들의 노랫소리가 흥을 돋우고, 고수의 북장단에 넘실넘실 어깨춤을 추던 그림 같은 장면들이 늘 눈에 아른거린다.

원로 시인 〈그리운 바다 성산포〉 이생진 선생은 지금도 한결같이 매월 마지막 금요일 저녁에 이곳에서 시낭송회를 열어오고 있다. 많은 시인묵객들과 소리꾼, 춤꾼들이 참여하여 시와 음악이 어우러진 공간을 연출하며 문인들과 독자들이 만날 수 있는 장이 되었으며, 다양한 장르의 음악과 그것들을 사랑하는 이들과 함께하는 프로그램을 만들어 지루하지 않고 늘 새롭게 변화하는 감성문화를 만들고자 하였다.

쉴 틈 없이 개최해온 문인들의 출판기념회, 각종 시문학회 행사, 크고 작은 연주 공연, 역사 문화 인문학 강연 등 예술가와 전문인들이 전하는 삶의 위로가 펼쳐지는 이곳. 구름, 들꽃, 바람, 하늘, 온통 푸른 세상처럼 촉촉한 이슬이 발에 와 닿는 '새벽' 느낌의 인사동 거리, 그 속에서 우리 '시가연'이 그림자처럼 아른거리고 있다는 사

시가연 © 김수길

실만으로도 기쁨이고 영광이다.

카뮈가 말했던 것처럼, "어린아이의 기도, 단 한 번도 화장하지 않은 열다섯 소녀의 입술, 제단의 연기, 아무도 밟지 않은 간밤의 눈, 아이들이 모이기 전의 운동장, 시를 쓰기 위해 꺼내 놓은 백지" 같은 순수함이 아직도 이곳, 이 거리, 이 골목에 묻어 있기에, 인사동 후미진 골목의 '시가연' 문틈으로 오늘은 또 어떤 반가운 모습을 맞이할 수 있을까 기대하는 마음으로 내어다 보고 있다.

"뒷골목의 목롯집에서 값싼 술을 마시면서 문학과 세상을 논하는 젊은이들의 아름다운 풍경이 보이지 않는 나라는 불행한 나라"라고 했던 시인 김수영. 다행히 원고료가 들어오던 날이면 늘 가난한 문인들을 불러내어 뒷골목 목로주점에서 '문학과 인생'을 논하며, 날이 훤하도록 술을 마시고 노래를 부르던 객기의 무명시인도 이곳에 있었다.

늦은 밤, 인사동 골목 살롱에서 머무르는 시간 동안은 이름 모를 간이역에 잠시 머무르고 있는 것과 같을 것이다. 존재하지 않는 '사평역'이지만, 곽재구 시인이 얘기한 것처럼 잠시 그 간이역에 머무르고 있는 우리네 삶은 늘 안갯속 흐릿한 행로다. 우리가 현재 머무르고 있는 삶의 간이역조차 기다려도 막차는 오지 않을 것처럼, 마치 "대합실 밖에는 밤새 송이눈이 쌓이고, 눈 시린 유리창마다 톱밥난로가 지펴지고 있었다"는 시의 한 구절처럼, 그런 안온함이 인사동 거리거리에 퍼져 있기를 갈망한다. 때로는 취기에 걸쭉하게 고함을 치며 독설을 내뿜던 예술가들의 앙칼진 목소리가 뒤섞인 그 시간조차도 그리운 것은 왜일까?

《생의 한가운데》의 주인공 니나처럼, 자유인으로 살려고 했던 그 간절함이 묻어나는 사람들을 바라보며 "예술이 가난을 구할 순 없지만, 위로할 수는 있습니다"라는 오래전 문 닫은, '삼일로 창고 극장'의 간판 문구가 갑자기 눈에 아른거린다.

마치 꽃향기에 벌 나비가 취하듯, 특별난 사람들의 향기에 그렇게 취하고 마는 묘한 인사동 거리. 무딘 감성을 일깨우고, 사랑을 가르치며, 사람을 알게 하는 이곳에 예술과 삶의 향기가 늘 샘솟듯 넘쳐났으면 하는 소망이다. 전통문화와 예술이 어우러진 인사동 어느 골목, 낡은 한옥의 한쪽 벽 서가에 꽂혀 있던 오래된 책들이 삭아가고 그 풍경마저도 박제된 슬픈 운명으로 바뀔 날이 올지도 모르지만, 존재의 흔들리는 가지 끝에서 이름도 없이 피었다 지는 꽃잎처럼, 사람도 매한가지일지도 모르지만….

여전히 이 땅 위, 문화와 예술이 살아 꿈틀거리는 거리거리에 햇살은 반짝이고, 바람은 살랑살랑거리고, 아무 일 없다는 듯 사람들은 바쁘게 움직이고 있다. 지금 이 순간 이곳 인사동 거리에도….

화장실 벽을 빼곡히 채운 낙서들 ⓒ 김수길

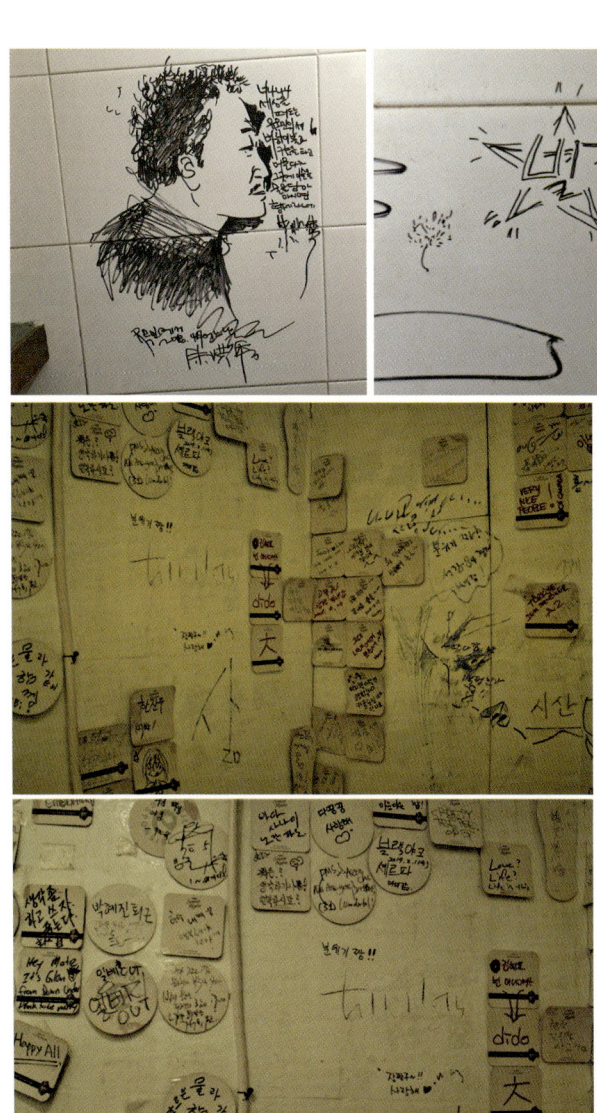

흐린세상건너기

한세미 _ 흐린세상건너기 주인장

가을비,

이 비가 그치면 흐린 세상을 건널 수 있으려나

뒤돌아보면 인사동에서의 오래된 삶의 흔적들…

서투른 솜씨로 배우고 익히며 소소한 세월, 시간은 멈추지 않고 흘러 벌써 25년이 되어간다. 인사동 골목은 시대에 맞춰 다소 변화가 있었다. 가게마다 퓨전화 대형화로 현대적인 느낌의 변화들. 그럼에도 그 속에서 '흐린세상건너기'는 한국의 전통을 이어가는 아담한 꿈을 실어 옛 맛을 지켜가는 전통 차를 고집하며 유명 지인들의 사랑을 받았다.

인사동에서 가장 속닥한 집이라며 늘 들르시는 신경림 선생, 임재경, 채현국, 박이엽, 현기영, 황석영, 김사인 선생들이 소박한 담소를 나누시는 곳. 우리 집 황토벽에 잘 어울리겠다며 모딜리아니의 모자를 쓴 여인을 선물해주신 서정춘 선생, 지니고 다니시던 부채에 직접 그림을 그려주신 유홍준 선생, 초창기 안주 만들기도 서투른 내게 직접 황태 안주를 알려주신 유인태 선생, 원혜영, 김부겸, 이종걸, 박원순 선생.

2002년 월드컵 축제 때 거리마다 경적 소리와 쏟아져 나온 인파들, 기쁨에 겨운 함성, 한바탕의 어울림 속에 인사동은 축제의 거리가 되었더랬다. 이계익 선생의 아코디언, 북소리, 하모니카, 기타, 피아노 소리, 십 대부터 칠십 대까지 모두가 하나되어 골든벨도 여러 차례 울렸다. 요즈음은 코로나로 거리도 한산해지고 적막함으로…. 이 또한 지나갈 것이다. 유명 문인, 화가, 정치인, 언론인, 영화인, 남녀노소들, 저의 작은 카페를 사랑해주는 많은 분들이 계셨기에 '흐린세상건너기'는 감사함으로 여전히 존재하고 추억의 카페지기로 오래오래 남아 보기를 소망해본다.

흐린세상건너기, 왼쪽 사진은 2006년 모습 ⓒ 김수길

낙원떡집

1919년 문을 연 낙원떡집은 100년이 넘는 시간 동안 낙원동 떡상가 골목의 자리를 지키고 있다. 떡의 발상지로도 유명하다. 한국전쟁을 비롯해 크고 작은 역사적 사건들을 겪어 오면서도 종로를 떠나지 않았다. 현재 떡집을 운영하고 있는 대표는 이광순이다. 이광순은 할머니와 어머니를 거쳐 가게를 이어받았다. 초대 대표가 운영하던 당시에는 인절미, 송편, 바람떡 등 메뉴의 가짓수가 적었으나 시간이 흐르며 계속해서 메뉴를 개발해 현재는 약 30가지의 떡을 판매하고 있다. 낙원떡집의 대표 메뉴는 쑥인절미이다.

주소 서울시 종로구 삼일대로 438
전화 02-732-5579

이문설농탕

대한제국 시절이던 1902년에 개업해 우리나라 첫 음식점으로 공식 기재되었다. 100년이 훌쩍 넘는 역사를 가지고 있다. 이문설농탕의 개업 당시 가게명은 '里門食堂'이었다. '설렁탕'이 표준어지만 개업 당시 사용하던 '설농탕'이라는 표기를 지금까지 고수하고 있다. 커다란 무쇠솥에 17시간 동안 고은 뒤 기름을 제거한 사골국물은 뽀얗고 맑은 빛을 띤다. 양지, 머리 고기 등을 넣은 설농탕은 오랜 시간 동안 한국인들의 사랑을 받아 왔다. 중소벤처기업부의 '백년가게', '미쉐린 가이드 서울 2022' 등에 선정되었다.

주소 서울시 종로구 우정국로 38-13
전화 02-733-6526
홈페이지 imun.modoo.at

사동면옥

북한에 고향을 둔 이들이 고향의 맛을 찾을 수 있는 곳으로 유명한 사동면옥은 43년 전통의 황해도식 만두 전문점이다. 하나에 100그램이 넘는 사동면옥의 황해도식 만두는 어른 주먹보다도 큰 크기를 자랑한다. 찌지 않고 삶아내는 것 역시 황해도식 만두만의 특징이다. 대표 메뉴인 만두전골 외에도 도가니탕과 녹두전, 파전과 같은 다양한 음식들을 즐길 수 있다.

주소 서울시 종로구 인사동8길 9
전화 02-725-1211

산촌

신선한 채소와 산나물을 이용한 사찰음식 전문점이다. 산속에서 자라는 야생초들을 활용해 신선하고 다채로운 채식 요리를 선보인다. 산촌 정식에는 죽, 모듬나물, 두부, 더덕무침, 산채잡채, 튀김류, 전류, 찌개 등이 포함되어 있다. 산나물 채소 요리는 화학첨가물을 사용하지 않아 천연 그대로의 맛을 낸다. 불상과 연등 등 사찰의 분위기를 연상시키는 소품들과 전통 한옥 구조는 고즈넉한 분위기 속에서 식사할 수 있는 공간을 조성한다. '모나리자 산촌' 갤러리도 함께 운영하고 있다.

주소 서울시 종로구 인사동길 30-13
전화 02-735-0312
홈페이지 www.sanchon.com